Gabriel Huard

Terrier du quartier Saint-Laurent de Lévis, de l'Etchemin au fief Saint-Vilmé 1650-1765

Gatineau
Juillet 2017

On peut se procurer cet ouvrage auprès de l'auteur, à l'adresse suivante :

gabriel.huard@videotron.ca

Tous droits réservés.
Dépôt légal
Bibliothèque nationale du Québec.
Troisième trimestre 2017.

ISBN   978-2-9816176-1-3

L'auteur tient à remercier tout particulièrement Marc Saint-Jacques, des Archives nationales du Québec à Gatineau, et Alexandra Lacasse, du Centre régional d'archives de l'Outaouais, pour leur grande patience et leur appui constant, ainsi que Sylvie Beaudoin et Francine Larose-Gosselin, auxquelles il sera éternellement redevable pour la confection des tableaux et la mise en page du document.

Photo de couverture :
Photo aérienne de la concession de Jean Huard, Google Earth, 2016.

TABLE DES MATIÈRES

Le terrier du quartier Saint-Laurent	7
L'Etchemin – Geneviève Levasseur	11
Concession 1 – Pierre Duquet	17
Concession 2 – Jacques de Launay	19
Concession 3 – Laurent Levasseur	27
Concession 4 – Pierre Pouillard	31
Concession 5 – Sébastien Prouvereau	35
Le fief des Ursulines	41
Concession 6 – Zacharie Lisse	43
Concession 7 – Antoine Dupré	51
Concession 8 – Jean Huard	55
Concession 9 – Henri Brault dit Pomainville	67
Concession 10 – Noël Penaut dit le Picard	73
Concession 11 – Henri Brault dit Pomainville	81
Concession 12 – Jean-Baptiste Couillard de Lespinay	85
Concession 13 – Charles Amiot	89
Concession 14 – Joseph Lamy	95
Concession 15 – Toussaint Ledran	105
Concession 16 – Jacques Gauthier dit Coquerel	107
Concession 17 – François Miville	121
Concession 18 – Pierre Miville dit le Suisse	125
Concession 19 – François Blondeau	127
Concession 20 – Georges Cadoret	135
Concession 21 – Ignace Sevestre	141
Concession 22 – Charles Sevestre	143
Tableau des variantes orthographiques	161
Index	163
Bibliographie	169
<u>Tableaux des voisins au fil du temps</u>	
Concessions 2, 3 et 4	18
Concessions 5, 6 et 7	40
Concessions 8, 9 et 10	66
Concessions 11, 12 et 13	84
Concessions 14, 15 et 16	94
Concessions 17, 18 et 19	120
Concessions 20, 21 et 22	140

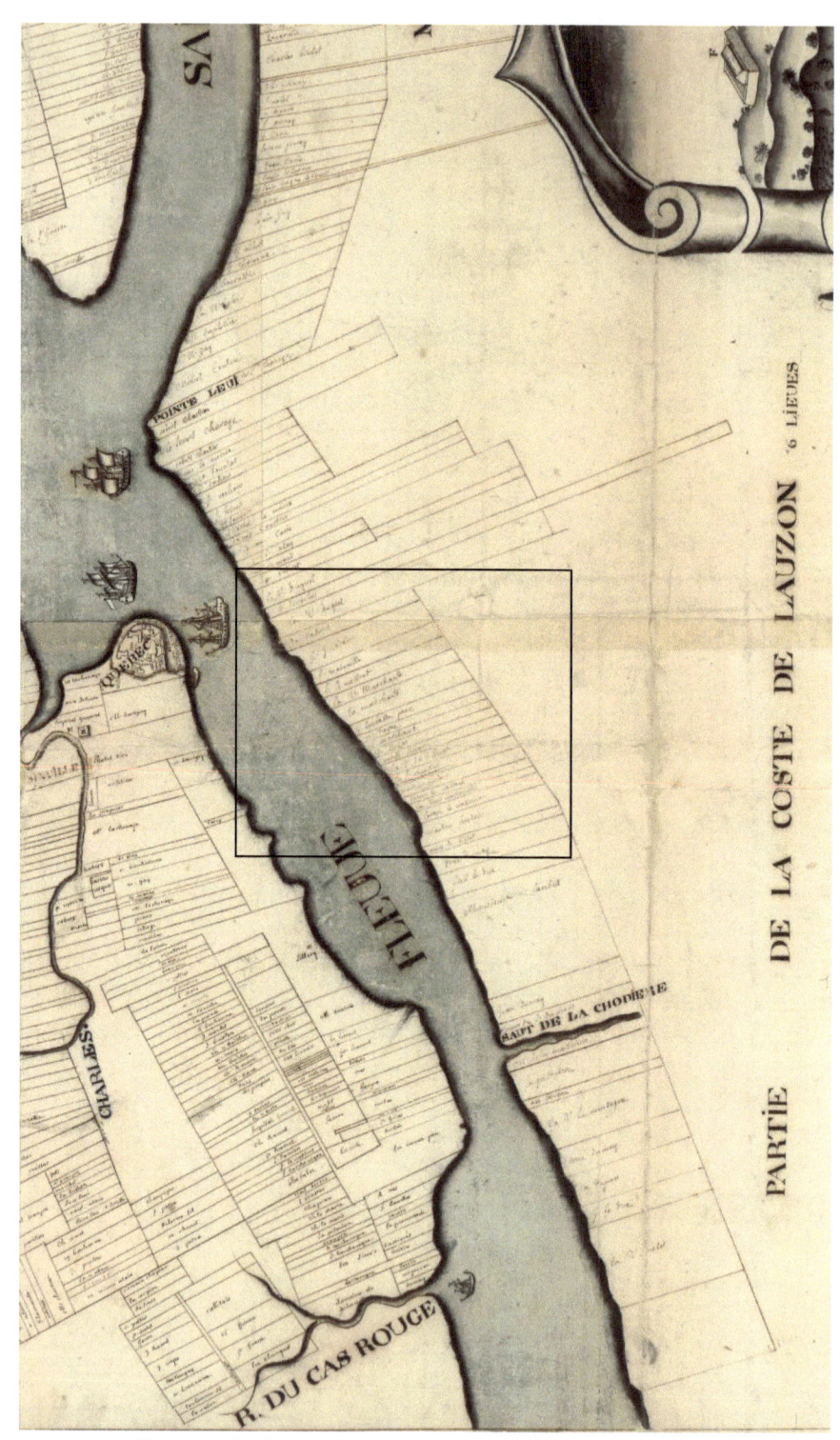

**Extrait de la carte de Gédéon de Catalogne,
gouvernement de Québec, 1709.**

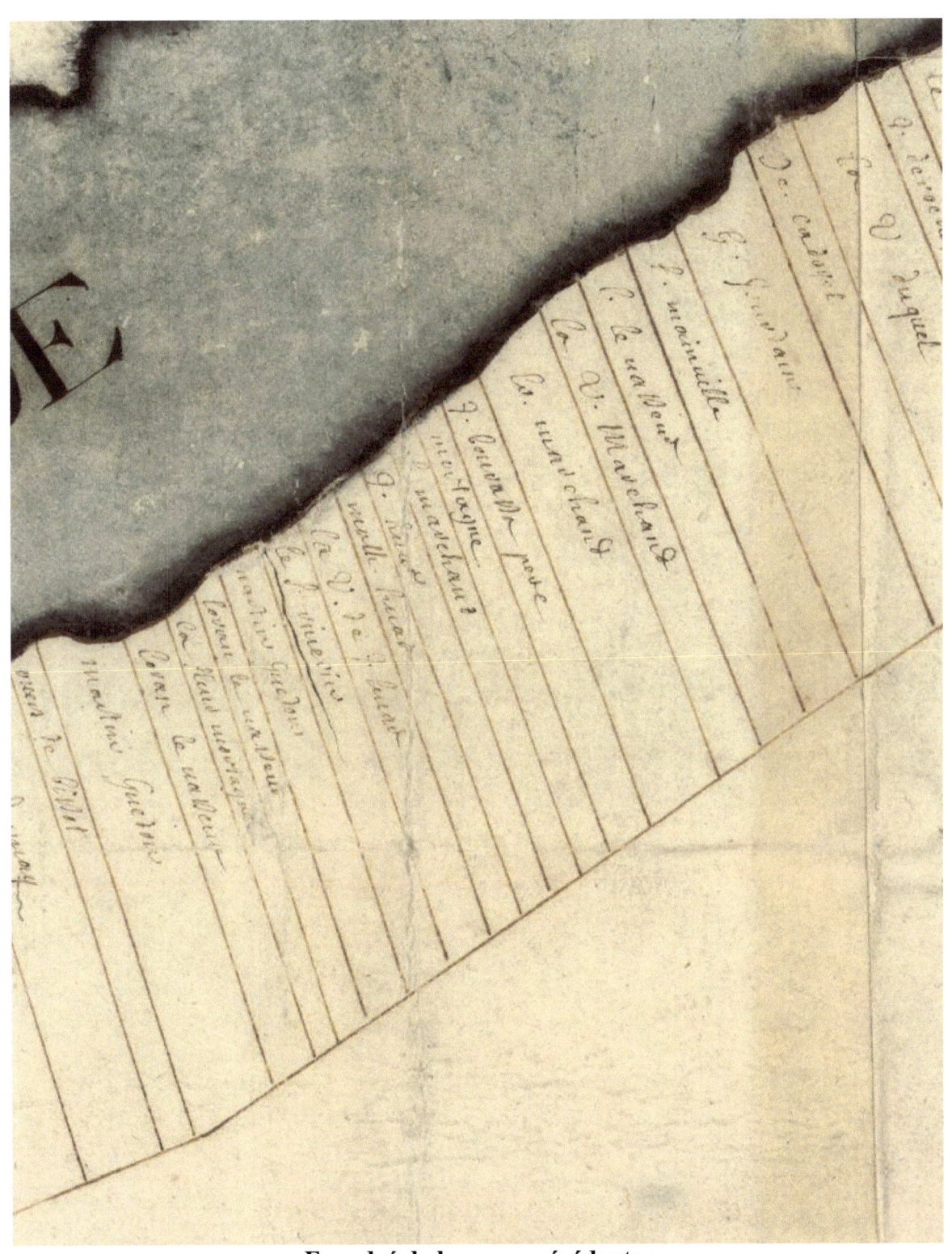

**Encadré de la page précédente :
portion du quartier Saint-Laurent de Lévis
couverte par la présente étude.**

Même encadré, avec indication :
- du numéro des concessions
- de la largeur des concessions.

LE TERRIER DU QUARTIER SAINT-LAURENT DE LÉVIS, DE L'ETCHEMIN AU FIEF SAINT-VILMÉ, 1650-1765

Le présent cahier est le résultat des recherches que j'ai entreprises afin de mieux situer, dans l'actuel quartier Saint-Laurent de Lévis, la terre originalement exploitée par mes ancêtres Jean Huard et Anne-Marie Amiot, de 1667 à 1737.

Lorsque j'ai amorcé mes travaux généalogiques, il y a déjà plus de 30 ans, on m'a vite fait connaître la fameuse carte levée par le sieur Gédéon de Catalogne et dressée par Jean-Baptiste de Couagne en 1709, carte sur laquelle la terre ancestrale figurait sous le nom de « la veuve de J. Huard », mon ancêtre Jean étant décédé en décembre 1708.

Très heureux de savoir où se trouvait la terre en question, il ne m'est jamais venu à l'esprit de mettre en doute l'information fournie par le sieur de Catalogne et même si je sais aujourd'hui que sa carte contient un certain nombre d'erreurs, je n'en admire pas moins l'immense travail qu'il a réussi à accomplir avec les moyens dont il disposait à l'époque. Cette carte demeure, pour les généalogistes et les historiens, une merveille!

Puis, en 2006, l'Association des familles Huard, dont je suis un membre enthousiaste, a obtenu de la ville de Lévis l'autorisation d'ériger une plaque en l'honneur des deux familles Huard qui ont fait souche au Québec, soit celle établie à Lévis vers 1670, à laquelle j'appartiens, et celle de Pabos, arrivée en Gaspésie vers 1730.

C'est alors que je me suis interrogé sur l'emplacement même de cette plaque : se trouvait-elle sur la terre ancestrale? En réponse à mes questions, on m'a indiqué que « c'était à peu près ça ». J'ai alors voulu m'en assurer davantage, sauf que j'ai attendu le jour de la retraite, en 2012, pour reprendre mes travaux. Je peux confirmer aujourd'hui que la plaque se trouve tout près de la terre de Jean Huard, soit sur celle de son fils et voisin en aval, Jean-Baptiste Huard.

Lorsque j'ai entrepris ma recherche, en 2012, je croyais – naïvement! – qu'il serait facile de faire cette vérification, car mes ancêtres Jean et Anne-Marie ont cultivé la terre se trouvant immédiatement à l'est du fief des Ursulines. Que nenni! Dès le départ, j'ai fait face à une contradiction! Dans la première concession accordée aux Ursulines, en 1650, celles-ci se voyaient donner une terre de cinq arpents située, en aval, « *à un arpent* près la rivière du Moulin de la planche », l'actuelle rivière à la Scie. Puis, en 1654, le seigneur de Lauzon leur octroyait un agrandissement, pour un total de huit arpents de front sur le fleuve, « à commencer *à trois arpents* près de l'embouchure du ruisseau du moulin à Scie [...] bornés des deux côtés aux terres non concédées ». Où se trouvaient maintenant la vérité... et le fief?

En fait, je m'étais attendu à ce que cette « simple vérification » se fasse rapidement étant donné que plusieurs auteurs avaient étudié le secteur en cause, mais justement, je me suis vite rendu compte que ces derniers ne s'accordaient pas toujours entre eux! Et la

« simple vérification » est devenue, pour l'amateur que je suis, une entreprise d'envergure!

Dans un deuxième temps, j'ai voulu situer la rivière à la Scie elle-même, en partant non pas du fief des Ursulines à l'est, mais plutôt de la rivière Etchemin, à l'ouest.

Fort heureusement, j'ai pu profiter du travail d'historiens et de généalogistes beaucoup plus expérimentés que moi. Je mentionnerai ici, entre autres, Joseph-Edmond Roy et son *Histoire de la seigneurie de Lauzon*, Guy Saint-Hilaire et son *Terrier de Saint-Romuald d'Etchemin*, Marcel Trudel et ses *Terriers du Saint-Laurent en 1663 et 1674*, Léon Roy et ses *Premiers colons de la rive sud du Saint-Laurent*, ainsi que Gaétane Bourget Robitaille et son *Terrier de la seigneurie de Lauzon en 1765*, sans compter, bien sûr, que j'ai eu accès à plusieurs documents anciens, comme la carte de Catalogne, l'aveu et dénombrement de 1723 à Lévis, le Procès-verbal de 1738 du grand voyer Jean Eustache Lanoullier de Boisclerc et quelque sept cents actes de concession et de vente tirés des Archives nationales du Québec[1].

Ici encore, toutefois, une autre surprise m'attendait, car les auteurs divergent quant à la distance qui sépare l'Etchemin de la rivière à la Scie!!! Il est clair que ces mesures, prises autrefois avec les moyens du bord, peuvent varier un peu, mais elles vont selon les ouvrages de 14 à 23 arpents, ce qui constitue un écart énorme dans les circonstances.

Pour connaître le fin mot de l'affaire, j'ai cru qu'il me suffirait « d'insérer » les différents colons qui ont habité entre les deux rivières, et d'y ajouter ceux qui se trouvaient entre la rivière à la Scie et la terre de mes ancêtres. Cela semblait peu, mais je ne savais pas alors dans quoi je m'engageais!

MA DÉMARCHE

Il ne m'a pas fallu longtemps pour comprendre que ma démarche ne me permettrait pas du tout de situer la terre de mes ancêtres au mètre près. Tout au plus pourrais-je confirmer qu'elle se trouvait bien entre les voisins indiqués sur la carte de Catalogne. Autrement dit, c'est au cadastre qu'il me faudra recourir pour connaître les limites exactes de la terre ancestrale, mais j'ai repoussé ce projet à plus tard, car dans l'intervalle, les travaux entamés se sont avérés passionnants dans la mesure où ils m'ont permis de comprendre les interrelations entre les habitants d'un secteur qui ferait un jour partie du quartier Saint-Laurent, et de voir à quel point ceux-ci étaient tous liés entre eux. Aussi, une fois l'entreprise démarrée, j'ai décidé de la poursuivre, de l'Etchemin jusqu'au fief Saint-Vilmé, pour qu'y soient incluses les propriétés des trois premières générations de mes ancêtres Huard à Lévis. C'est donc ce secteur qui sera étudié dans ces pages.

Plusieurs documents donnent le nom des colons qui ont habité dans ce territoire, mais comme ces documents couvrent des époques différentes (1663, 1674, 1709, 1723, 1738, 1765, etc.), je me suis attaché à établir les chaînes de titres des terres en cause, en me

---
[1] Bibliothèque et Archives nationales du Québec (BAnQ), Archives civiles et judiciaires.

basant préférablement sur les contrats originaux. Ces actes contiennent eux aussi parfois des erreurs, mais dans l'ensemble, ils sont fiables. En en recoupant la teneur, et en les confrontant aux recherches menées par les auteurs mentionnés ci-dessus, j'ai réussi, du moins en bonne partie, à compléter les travaux de mes prédécesseurs.

Contrat après contrat, j'ai pu dessiner, au sens littéral, un grand tableau de tous les propriétaires (et aussi parfois des locataires) des terres en cause, mais la taille du tableau en question ne me permet pas de le reproduire ici, de sorte que j'ai choisi de m'inspirer, avec sa permission, du modèle de Monsieur Guy Saint-Hilaire. En fait, j'ai même puisé une partie de mon information dans son ouvrage, comme dans celui de Madame Gaétane Bourget Robitaille, en la complétant avec le fruit de mes recherches. Je remercie d'ailleurs Monsieur Saint-Hilaire et Madame Bourget Robitaille de la générosité et de la patience dont ils ont fait preuve à mon endroit!

Pour les terres situées entre le fief des Ursulines et le fief Saint-Vilmé, les contrats originaux de concession sont souvent manquants, de sorte que les ouvrages de Marcel Trudel et de Léon Roy se sont avérés particulièrement indispensables.

Dans les pages qui suivent, j'ai numéroté d'ouest en est les terres qui se situent entre l'Etchemin et le fief Saint-Vilmé. Sauf pour le fief des Ursulines, les terres ont toutes quarante arpents de profondeur, de sorte que je n'ai pas jugé utile d'insister sur ce point. En revanche, la largeur de la terre est souvent l'élément qui permet le mieux de l'identifier et de la situer. La largeur des terres est donc toujours mentionnée.

AVIS AUX UTILISATEURS

Ce document n'a pas été conçu pour être lu d'un bout à l'autre, mais bien pour être consulté, comme un dictionnaire, par quiconque s'intéresse à une concession en particulier, ainsi qu'aux faits et gestes de ses propriétaires successifs. Lorsqu'un tenancier acquiert deux terres voisines, le lecteur est invité à passer de l'une à l'autre. Par ailleurs, je me suis appliqué à utiliser, page après page, le même vocabulaire et les mêmes formulations, dans le même ordre, de manière que l'utilisateur puisse suivre le plus clairement possible la chaîne des événements. On voudra donc en conséquence me pardonner la faiblesse du style et les répétitions : elles sont voulues!

De la même manière, j'ai tenté de respecter au mieux les limites originales des concessions, même quand un tenancier achète une portion de la terre de son voisin, car c'est sur les divisions originales que se basaient nos ancêtres pour décrire leurs propriétés, tel qu'on pourra le constater encore et encore dans les contrats. En voici un exemple, tiré d'un acte rédigé 80 ans après la concession originale :

Le 30 juillet 1754, le notaire Simon Sanguinet père dresse l'inventaire des biens de feu Étienne Huard. La veuve de ce dernier, Thérèse Dolbec, déclare alors posséder une *« terre et concession de trois arpents cinq perches [...]* **faisant partie d'une concession de cinq arpents de front** *[...] sur laquelle a été détaché un arpent de front possédé* *présentement par Pierre Drapeau, comme étant aux droits de Mathieu Huard son beau-père, trente pieds aussi appartenant audit sieur Mathieu Huard étant du côté sud-ouest, trente pieds de front [...] étant des propres dudit défunt sieur Étienne Huard [...] et autres trente pieds de front auxdits Étienne Huard et Louis-Joseph Huard frères, comme les ayant acquis de Pierre Naud et Marguerite Huard leur oncle et tante ».*

Enfin, comme dans l'exemple ci-dessus, je me suis efforcé de citer textuellement, d'un contrat à l'autre, l'information essentielle à la concession en cause (en français moderne). Le chercheur pourra ainsi reconnaître aisément la description et juger de la valeur de l'information. Mon objectif a été, tout au long de mes travaux, de lui éviter d'avoir à refaire la même démarche que moi, en lui fournissant ici toute l'information nécessaire à la compréhension des faits. À noter que la date du contrat et le nom du notaire sont toujours indiqués.

Pour terminer, j'aimerais signaler un phénomène récurrent dans les actes consultés, et tout spécialement dans les documents des arpenteurs ou des grands voyers.

Il est souvent arrivé qu'un tenancier donne ou vende sa terre à ses fils ou à ses gendres plusieurs années avant sa mort, mais que l'arpenteur continue de désigner la terre sous son nom. Il le fait sans doute par respect pour l'aîné, ou par ignorance des accords intervenus entre les parties. De même, il lui arrive aussi de désigner une terre sous le nom d'un tenancier décédé lorsque celle-ci n'a pas été clairement reprise par un acheteur ou qu'elle est demeurée indivise entre les héritiers. Il ne faudra donc pas se surprendre lorsqu'on attribue une terre à son ancien propriétaire, y compris à une personne décédée.

LES VOISINS AU FIL DU TEMPS

Deux outils principaux permettent d'identifier une terre : ses dimensions, comme je l'ai déjà mentionné, ainsi que les noms des propriétaires voisins. Les dimensions changent peu au fil du temps, mais les voisins, oui. C'est pourquoi il peut être difficile de s'y retrouver lorsqu'on lit une chaîne de titres. D'un paragraphe à l'autre, parfois même d'une ligne à l'autre, on peut faire un bond de 15, 20 ou même 30 ans, et les voisins, bien sûr, ne sont plus les mêmes!

On trouvera, tout au long du texte, des tableaux très succincts des propriétaires du secteur à l'étude, avec l'année de leur arrivée, ainsi que les noms de leurs voisins. J'ose espérer que ces tableaux faciliteront la lecture du terrier.

À noter que je n'ai pas créé de colonne spécifique pour la concession 1 puisque son parcours se confond avec celui de la concession 2 dès 1675.

L'ETCHEMIN – GENEVIÈVE LEVASSEUR

Terre de 6 arpents

Il a été mentionné plus haut que la distance entre l'Etchemin et la rivière à la Scie variait d'un auteur à l'autre, de sorte qu'il m'a fallu, dans un premier temps, confirmer ou infirmer l'existence de certaines concessions ou de certains colons mentionnés dans les différents ouvrages.

En commençant par la concession accordée à Geneviève Levasseur, qui n'est pas mentionnée sur la carte de Catalogne, ni dans l'aveu et dénombrement de 1723, mais que Léon Roy donne comme la première terre *en aval* de la rivière Etchemin[2], ce qui établit à 23 arpents la distance entre les deux rivières.

Chose mystérieuse, cette terre sera la dernière à être concédée dans le premier rang du futur quartier Saint-Laurent, en 1699, vingt ou trente ans après toutes les autres. Et la concession sera faite, événement rarissime, à une jeune femme célibataire de 18 ans qui n'est d'ailleurs pas présente à la signature du contrat, mais qui y est représentée par son père, Laurent Levasseur.

Il faut savoir que les deux lots situés de part et d'autre de la rivière Etchemin, à son embouchure, avaient été octroyés dès 1669-1670, soit à François Bissot en amont et, comme nous le verrons plus loin, à Pierre Duquet, en aval.

C'est donc dire qu'en principe, il ne se trouvait entre Bissot et Duquet que la rivière elle-même. Or, les rivières ont cette particularité qu'elles ne coulent pas en droite ligne, de sorte que *vis-à-vis* l'embouchure de la rivière, en descendant vers le sud dans le même axe que les terres voisines, il y avait des portions de terrain, de part et d'autre, qui n'appartenaient ni à Bissot ni à Duquet.

Guy Saint-Hilaire a dûment mentionné cette terre, mais il ne l'a pas située *en aval* de l'Etchemin[3]. Il en a estimé la largeur à environ cinq arpents et quatre perches, soit la largeur de la rivière Etchemin à son embouchure avec le fleuve Saint-Laurent, et il s'est trouvé très près de la vérité, puisqu'un mesurage récent a établi cette distance à six arpents exactement.

---

[2] Roy, Léon. *Les premiers colons de la rive sud du Saint-Laurent, de Berthier (en bas) à Saint-Nicolas, 1636-1738*, Société d'histoire régionale de Lévis, Lévis, 1984, p. 61.
[3] Saint-Hilaire, Guy. *Le terrier de Saint-Romuald d'Etchemin, 1652-1962*, Éditions Bergeron et Fils, Montréal, 1977, p. 22.

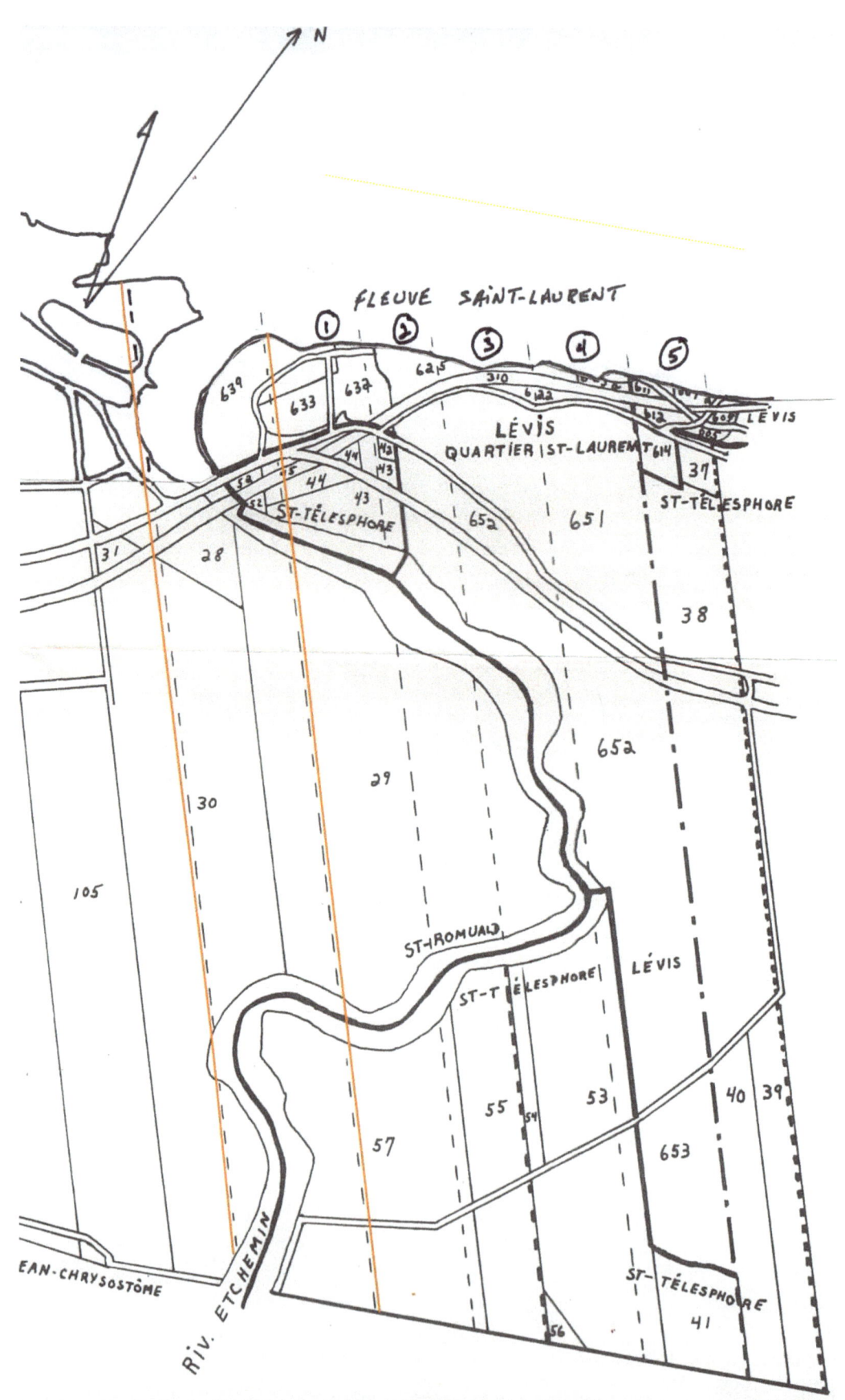

Sur cette carte, tirée du *Terrier de Saint-Romuald d'Etchemin* avec l'aimable permission de Monsieur Saint-Hilaire et légèrement modifiée pour illustrer mon propos, la concession accordée à Geneviève Levasseur correspondrait à ce qui se trouve entre les deux lignes rouges comprenant notamment les lots 639 du quartier Saint-Laurent de Lévis, 28, 29 sud-ouest et 30 nord-est de Saint-Romuald, ainsi que 52 et 57 sud-ouest de Saint-Télesphore, de part et d'autre de la rivière Etchemin (cadastre en vigueur en 1977).

Voici exactement[4] ce qu'en dit le contrat de concession. Le 28 août 1699, devant le notaire Charles Rageot, Claude de Bermen, sieur de la Martinière, à qui la seigneurie a été louée à bail par Lucien Bouteville, procureur du seigneur du moment, Thomas Bertrand, cède à Geneviève Levasseur « ce qui se trouvera de terre *dans la largeur de la rivière* des Etchemins *à prendre entre les deux lignes* des représentants de feu sieur Bissot et défunt Jean Leguay, c'est-à-dire que ledit preneur [Laurent Levasseur, au nom de sa fille] joindra d'un côté les sept arpents qui ont été concédés audit Jean Leguay […] et de l'autre côté les dix arpents concédés audit défunt sieur Bissot et sur la même profondeur desdits sieurs Bissot et Leguay », soit quarante arpents.

À propos de ces deux lignes bornant les terres de Bissot et de Leguay, on mentionne clairement dans le contrat de concession à François Bissot, fait le 12 novembre 1670 par Gilles Rageot, que sa terre joint « d'un côté la rivière des Etchemins et d'autre Jean Adam *et que ladite rivière des Etchemins servira de borne d'un côté sans qu'elle puisse être coupée par le rumb de vent* ».

Par contre, on est moins précis pour ce qui touche l'autre côté de la rivière. Dans le contrat de concession à Pierre Duquet, établi un an plus tôt, le 26 décembre 1669, également par Gilles Rageot, on se contente de mentionner « la consistance de terre de front sur le fleuve Saint-Laurent qui se rencontre entre la concession de Jacques de Launay d'un côté *et la rivière des Etchemins* d'autre », ce qui peut laisser place à interprétation.

Mais c'est le sieur de la Martinière lui-même, Claude de Bermen, qui avait accordé ces deux concessions, au nom du seigneur de l'époque, Jean de Lauzon, 30 ans plus tôt. Il en connaissait donc bien les tenants et aboutissants!

Ce qu'il est advenu par la suite de cette propriété a longtemps fait l'objet de conjectures, car tout au long du XVIIIe siècle, on ne mentionnera jamais cette terre « entre » celle des héritiers Bissot et des héritiers de Jean Leguay. Comme si les propriétés de ces derniers étaient contiguës. « Quoi qu'il en soit, de dire Monsieur Saint-Hilaire en 1977, on ne trouve plus aucune suite à cette concession. Aucun titre dans la suite n'en fait mention. »[5].

Et effectivement, cette terre n'apparaît pas sur la carte de Catalogne, en 1709. Elle n'est pas mentionnée non plus dans le procès-verbal dressé par le grand voyer Jean Eustache

---

[4] Dans toutes les citations, les textes reflètent l'orthographe actuelle; pour ce qui touche les noms, j'ai retenu une version moderne et uniformisée.
[5] Saint-Hilaire, Guy, op. cit., p. 22.

Lanoullier de Boisclerc lorsqu'il est chargé de redresser le chemin du roi entre Saint-Nicolas et Lévis, en 1738. Elle ne l'est toujours pas dans le procès-verbal de son successeur, Louis Fleury de la Gorgendière, le 4 septembre 1751, lorsque celui-ci détermine que Jacques Huard « reprendra les plaques jusqu'à la rivière [et] de là descendra l'ancienne côte [et] traversera la rivière sur la terre de Monsieur de La Gorgendière ». Et finalement, dans tous les contrats de vente concernant les héritiers Bissot et Leguay, ceux-ci se donnent mutuellement pour voisins, sans jamais citer la concession de Geneviève Levasseur.

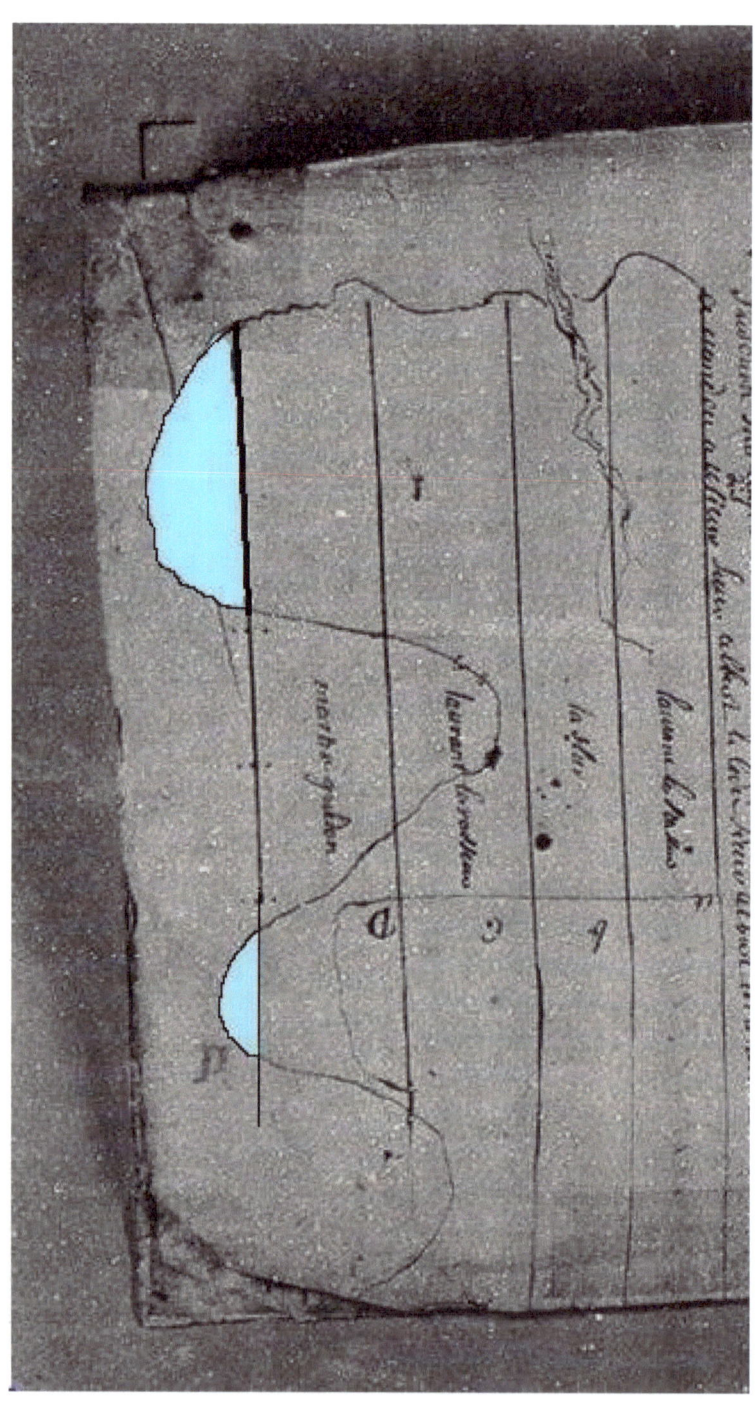

Pourtant, la terre apparaît, partiellement du moins, sur un croquis que l'arpenteur Hilaire Bernard de la Rivière a inclus, en 1707, dans un procès-verbal dressé pour séparer les terres voisines, soient celles de Martin Gueudon, de Laurent Levasseur et de Jean-François Dussault[6]. Comme on peut le voir sur ce croquis (côté sud-ouest), il existe, entre la rivière et la terre de Martin Gueudon, des courbes de terrain qui n'appartiennent pas à celui-ci.

Puis, vers 1805-1806, quelque cent ans plus tard, on trouve enfin une mention de cette terre, qui appartient désormais au nouveau seigneur de Lauzon, Henry Caldwell. Il était donc tentant d'avancer l'hypothèse que la concession faite à Geneviève Levasseur avait été annulée, et que la terre était passée, sans faire de bruit, d'un seigneur à l'autre…

Et c'est précisément ce qu'indique ma plus récente découverte, survenue au moment même où j'allais abandonner mes recherches et « fermer mes livres »! En effet, le 20 avril 1708, devant Florent de la Cetière, Laurent Levasseur et son épouse, Marie Marchand, transportent aux Religieuses Ursulines « sans promesses de garantie que de déclarer qu'il a été ci-devant concédé par monsieur de la Martinière pour lors ayant charge [de la seigneurie] une terre et habitation d'au moins trois arpents de front sur la profondeur des autres habitations, laquelle le sieur Duplessis s'est mal à propos appropriée, icelle sise proche la rivière des Etchemins, qu'ils cèdent et abandonnent pour et au profit desdites dames Ursulines à leurs périls, risques et fortunes pour en faire leur propre si elles peuvent rentrer en ladite terre ».

Pour le moment, je ne peux que faire des hypothèses sur les raisons pour lesquelles le sieur Duplessis se serait « mal à propos approprié » cette concession. En 1699, le sieur de la Martinière était-il encore habilité à adjuger des concessions au nom du seigneur Thomas Bertrand? Par ailleurs, celui-ci a vendu sa seigneurie à Georges Regnard Duplessis (via un prête-nom, François-Madeleine Ruette, sieur d'Auteuil, ce qui ne simplifie pas les choses!) le 14 octobre 1699. Se pourrait-il que le nouveau seigneur n'ait pas reconnu la validité de la concession faite à Geneviève Levasseur à peine six semaines plus tôt, le 28 août? Il faudra poursuivre la recherche, mais pour le moment, du moins, on peut imaginer que la concession a été réunie au domaine sous le seigneur Duplessis, ce qui expliquerait peut-être qu'on ne la mentionne par la suite dans aucun des documents énumérés ci-dessus.

Et quoi qu'il en soit, on peut maintenant exclure la terre concédée à Geneviève Levasseur du calcul de la distance qui sépare l'Etchemin de la rivière à la Scie, de sorte que cette terre ne relève donc pas de la présente étude et que cette distance s'établit à 14 arpents, comme on le verra dans les chapitres qui suivent. Pour ce qui nous concerne ici, la première terre à prendre en compte commence donc au point de jonction, du côté est, de l'embouchure de l'Etchemin avec le Saint-Laurent.

---

[6] Procès-verbal d'arpentage dressé par Hilaire Bernard de la Rivière, le 5 septembre 1707.

**Arrière-fiefs de la seigneurie de Lauzon
à l'est de la rivière Chaudière.**[7]

---

[7] Bourget Robitaille, Gaétane. *Terrier de la seigneurie de Lauzon à l'est de la rivière Chaudière en 1765*, Société d'histoire régionale de Lévis, Lévis, p. 29.

CONCESSION 1 – PIERRE DUQUET

Terre de 4 arpents

Le 26 décembre 1669, devant le notaire Gilles Rageot, Claude de Bermen, sieur de la Martinière, concède à Pierre Duquet, notaire royal, « la consistance de terre de front sur le fleuve Saint-Laurent *qui se rencontre* entre la concession de Jacques de Launay d'un côté *et la rivière des Etchemins de l'autre* ». On notera que les mesures exactes de la terre ne sont pas données, pour la bonne raison qu'on prévoit aussi au contrat qu'un « procès-verbal d'arpentage […] en sera fait par le sieur Du Buisson[8] arpenteur ». Par ailleurs, les distances sur le fleuve sont mesurées au point de la plus haute marée, à l'embouchure de la rivière, même si ce détail n'est pas mentionné.

Le 5 août 1670, devant Gilles Rageot, Pierre Duquet cède à Nicolas Durand « une concession *de quatre arpents* […] joignant d'un côté le nommé De Launay, *d'autre côté la rivière des Etchemins* ». La cession se fait apparemment à titre gracieux, car aucune somme n'est précisée. De plus, Duquet mentionne à Durand que s'il lui cède la concession, c'est « pour lui faire plaisir ».

Le 3 octobre 1672, devant Pierre Duquet, Nicolas Durand vend la terre à Louis Marchand. Ce contrat est recensé dans l'*Inventaire des greffes des notaires du régime français*[9], mais il est indiqué comme manquant. Par ailleurs, Léon Roy avance que la vente sera annulée[10].

Le 4 juin 1675, devant Romain Becquet, Nicolas Durand vend à Jean Leguay[11] et Marie Brière « une habitation […] *contenant quatre arpents* […] bornée d'un côté à Laurent Levasseur à cause d'un arpent de terre de front par lui acquis de Pierre Pouillard (ceci est particulier, nous y reviendrons), *d'autre côté la rivière dite Etchemin* ». Leguay prétend bien connaître l'habitation « comme en étant voisin depuis un long temps ». C'est un fait, Jean Leguay est déjà propriétaire des trois arpents voisins, ce qui lui donne maintenant une terre de sept arpents, entre la rivière Etchemin et la concession de Laurent Levasseur.

À partir de 1675, les parcours des CONCESSIONS 1 et 2 se confondent. Voir CONCESSION 2.

---

[8] Jean Guyon dit Buisson. Malheureusement, je n'ai pas pu retrouver ce procès-verbal.
[9] Roy, Pierre-Georges, et Antoine Roy. *Inventaire des greffes des notaires du régime français*, Québec, 1942, vol. II, p. 144.
[10] Roy, Léon, op. cit., p. 76.
[11] Variantes recensées au cours de ce travail : Gay, Guay, Gué, Le Gay, Le Guay, Le Gué.

LES VOISINS AU FIL DU TEMPS

ANNÉE	CONCESSION 2	CONCESSION 3	CONCESSION 4
1666			Pierre Pouillard
1669	Jacques de Launay		
1670	Jean Leguay	Laurent Levasseur	
1679	Héritiers Leguay (terre exploitée par Martin Gueudon)		
1703			Jean-François Dussault dit Lafleur dit Mortagne
1716	Jacques Huard / Héritiers Leguay	Louis Levasseur	
1719			Héritiers de Jean-François Dussault
1723	Jacques Huard		Pierre Dussault
1746		Louis Levasseur père et fils	
1757		Louis Levasseur fils	
1760	Héritiers de Jacques Huard		
1763		Marie-Anne Journeau, veuve de Louis Levasseur fils	

CONCESSION 2 – JACQUES DE LAUNAY

Terre de 3 arpents

Il semble que cette terre ait tout d'abord été exploitée par un certain Jacques de Launay[12] puisque celui-ci est cité le 26 décembre 1669, devant le notaire Gilles Rageot, comme voisin, en aval, de Pierre Duquet. Mais De Launay meurt le 25 février 1670.

Le 8 novembre 1670, devant Gilles Rageot, Claude de Bermen, sieur de la Martinière, concède à Jean Leguay « trois arpents de terre de front [...] joignant d'un côté Laurent Levasseur, d'autre Nicolas Durand ».

Le 4 juin 1675, devant Romain Becquet, Jean Leguay acquiert de Nicolas Durand « une habitation [...] contenant quatre arpents [...] bornée d'un côté à Laurent Levasseur à cause d'un arpent de terre de front par lui acquis de Pierre Pouillard (ceci est particulier, nous y reviendrons), d'autre côté la rivière dite Etchemin ». Leguay prétend bien connaître l'habitation « comme en étant voisin depuis un long temps ». Jean Leguay étant déjà propriétaire des trois arpents voisins, sa terre possède maintenant sept arpents et se rend jusqu'à la rivière Etchemin.

À partir d'ici, les parcours des CONCESSIONS 1 et 2 se confondent.

Entre le 7 et le 20 août 1679, décès de Jean Leguay. Le 20 août 1679, devant Pierre Duquet, Marie Brière signe un contrat de mariage avec Martin Gueudon.

De 1679 à 1709, Martin Gueudon exploite la terre des héritiers Leguay.

Le 30 janvier 1695, Catherine Leguay, fille de Jean Leguay et de Marie Brière, signe devant Louis Chambalon un contrat de mariage avec Clément Dubois. Il semble toutefois que ce contrat ait été résilié, car c'est la seule mention de Clément Dubois dans la vie de Catherine Leguay. Alors que celle-ci vivra encore en 1743, Clément Dubois se mariera deux fois, en 1700 et en 1706. Catherine Leguay agira donc à l'avenir, comme nous le verrons, de façon tout à fait autonome.

C'est vraisemblablement vers 1701 que décède Marie Brière, l'épouse de Martin Gueudon, car le 22 octobre 1701, devant Louis Chambalon, Martin Gueudon fait don de trois cents livres à Catherine Leguay, « demeurante avec ledit Gueudon son beau-père », pour le paiement desquelles il affecte spécialement « son habitation où il fait présentement sa demeure sise en la côte de Lauzon joignant d'un côté à l'habitation de Nicolas Légaré et d'autre côté à celle de Laurent Levasseur ». Une fois veuf, Martin Gueudon est donc retourné vivre sur le fief des Ursulines (voir CONCESSION 6).

---

[12] Variante recensée au cours de ce travail : Delaunay.

En conséquence, les six enfants de Jean Leguay et de Marie Brière sont maintenant propriétaires indivis de la concession de sept arpents, mais leur beau-père, Martin Gueudon, continue d'exploiter la terre en leur nom.

Le 22 octobre 1701, devant Louis Chambalon, Alexis Leguay et sa sœur Catherine vendent leurs parts d'héritage à Jean Boucher et Angélique Leguay, soit chacun un sixième de la terre. Avec la part de son épouse, Jean Boucher possède donc maintenant trois sixièmes de la terre, c'est-à-dire la moitié.

Le 24 octobre 1701, devant Louis Chambalon, François Dubois et Marie Leguay vendent leur part à Jean Boucher et Angélique Leguay, soit un sixième de la terre. Jean Boucher possède maintenant quatre sixièmes de la terre.

On ignore la date de décès de Jean Boucher, mais il vivait toujours au baptême de sa fille Marie-Joseph, le 24 avril 1702. Il est mort « au temps de la picotte »[13], peu avant ou peu après son épouse, elle-même décédée le 8 octobre 1704, à l'Hôtel-Dieu de Québec.

Il est clair que Jean Boucher avait eu l'intention d'acquérir à terme toute la terre de son défunt beau-père et c'est peut-être en raison de son décès que, le 3 novembre 1704, devant Jacques Barbel, Jean-Baptiste Leguay cède ses droits successifs à Catherine Leguay, qui possède maintenant un sixième de la terre et qui va, peu à peu, en récupérer le reste.

Le 26 juillet 1706, devant Louis Chambalon, François Dubois et Marie Leguay reconnaissent avoir eu et reçu la somme restante à payer sur le contrat du 24 octobre 1701, « savoir de la femme dudit défunt Boucher dénommé audit contrat la somme de vingt-trois livres et de Catherine Leguay […] celle de quatorze livres dix sols […] au moyen de quoi ladite Catherine Leguay demeure subrogée au lieu et place desdits vendeurs pour son remboursement de ladite somme de quatorze livres dix sols ». Catherine Leguay acquiert ainsi un autre sixième de la terre, ou du moins une créance.

Sur la carte de Catalogne, en 1709, on a complètement omis la rivière Etchemin, mais Martin Gueudon est correctement situé entre la veuve de Bissot et Laurent Levasseur, où il continue d'exploiter la terre des héritiers Leguay.

Le 13 novembre 1709, devant Louis Chambalon, Catherine Leguay et son beau-père, Martin Gueudon, « par reconnaissance de ce que ladite Leguay sa belle-fille a toujours demeuré avec lui et le gouverne en sa vieillesse » (il a 64 ans), se font mutuellement donation de tous leurs biens respectifs.

Le 7 juillet 1713, devant Louis Chambalon, Julien Laniel (dit Desrosiers) et Rosalie Leguay vendent leur part à Catherine Leguay, qui possède maintenant trois sixièmes de la terre, c'est-à-dire la moitié.

---

[13] Requête de Martin Gueudon auprès de la prévôté pour la nomination de tuteurs aux héritiers Boucher, 17 juillet 1705.

Le 6 août 1713, devant Louis Chambalon, les « héritiers » de Jean Boucher et d'Angélique Leguay, en réalité leurs deux filles, Marie-Angélique et Marie-Josèphe, rétrocèdent à leur tante Catherine « les deux portions de terre mentionnées » au contrat du 22 octobre 1701, « d'autant que lesdits mineurs n'ont aucun bien pour en pouvoir payer la valeur ». Catherine Leguay possède maintenant cinq sixièmes de la terre, mais elle devra se charger « d'acquitter et décharger lesdits mineurs ès noms des héritiers de défunt Alexis Leguay ». À noter que le contrat ne fait pas mention de la part initiale d'Angélique Leguay; il est vraisemblable que les héritières l'aient conservée.

Martin Gueudon décède vraisemblablement entre le 25 juillet 1714 (contrat La Cetière) et le 13 novembre 1716, car à cette dernière date, devant Pierre Rivet Cavelier, Catherine Leguay fait un cadeau de mariage à sa nièce Angélique Boucher, qui épouse Jacques Huard, « à la charge par lesdits futurs époux de nourrir, loger, chauffer et entretenir ladite donatrice, tant saine que malade, pendant sa vie » (elle a 38 ans).

En effet, le 13 novembre 1716, devant Pierre Rivet Cavelier, Catherine Leguay donne à sa nièce Angélique Boucher la « moitié franche d'une terre et habitation [...] contenant tout le terrain qui se trouve entre la rivière des Etchemins et la terre de Laurent Levasseur [...] à ladite Catherine Leguay appartenant, savoir un sixième provenant de la succession de ses père et mère, un autre sixième par donation qui lui en a été faite par défunt Jean-Baptiste Leguay son frère, et le troisième sixième qu'elle a acquis de Julien [Laniel dit] Desrosiers et Rosalie Leguay ».

En 1716, Catherine aura-t-elle conservé l'autre moitié de la terre pour sa nièce Marie-Josèphe, dont on ne trouvera plus aucune trace après 1713? Chose certaine, on notera ici que Catherine ne donne pas en cadeau les trois portions sur lesquelles il existe peut-être encore un lien, soit celle d'Alexis (qui, on l'a vu dans le contrat du 6 août 1713, appartient aux héritiers d'Alexis), celle de Marie (qui n'appartient peut-être pas encore définitivement à Catherine) et celle de feue Angélique (qui appartient sans doute encore aux héritières Boucher).

Je n'ai pas trouvé d'autres transactions concernant les héritières Leguay. Mon hypothèse, à ce moment-ci, c'est que Catherine Leguay a éventuellement racheté la part de Marie Leguay, puis celles de feu Alexis Leguay et de la défunte Angélique Leguay. Elle aura alors reconstitué l'ancienne terre de sept arpents de son père, Jean Leguay. Une autre possibilité serait que ce soit Jacques Huard qui, un peu plus tard, ait racheté les parts de ses oncle et tantes par alliance.

Dans l'aveu de 1723, Jacques Huard et Angélique Boucher sont donnés comme propriétaires de la terre de sept arpents. Au minimum, ils en ont la moitié. Je n'ai pas retrouvé l'acte d'achat de l'autre moitié, mais on verra plus loin qu'ils possèdent la totalité de la terre.

Le 4 septembre 1736, devant Claude Barolet, un certain David Pauperet réclame et obtient de Jacques Huard le paiement de « la sixième partie d'une terre et habitation [...] contenant en son total sept arpents de terre [...] qui joint d'un côté à la rivière Etchemin, d'autre l'habitation de Laurent Levasseur ». Ce Pauperet était l'héritier d'une dame envers laquelle Alexis Leguay, frère de Catherine, avait une dette. À ce stade, on peut raisonnablement penser que Jacques Huard est maintenant propriétaire de la totalité des six parts des héritiers Leguay.

Dans le procès-verbal de Jean Eustache Lanoullier de Boisclerc, dressé en 1738, Jacques et Angélique sont à nouveau donnés comme propriétaires de la terre de sept arpents. Catherine Leguay a alors 62 ans.

Le 18 juin 1742, l'arpenteur Noël Bonhomme dit Beaupré, à la requête de Jacques Huard et de Louis Levasseur, reprend une ligne qui avait été tracée le 5 septembre 1707 « jusqu'à la profondeur de vingt-deux arpents [pour] continuer ladite ligne encore dix-huit arpents qui font quarante arpents ».

Le 14 avril 1743, devant Jacques-Nicolas Pinguet, Catherine Leguay, alors âgée de 67 ans, fait un testament dans lequel elle ne mentionne nullement la seconde moitié de la terre. Il semble donc qu'elle n'en soit définitivement plus propriétaire. Elle l'a probablement vendue, et depuis longtemps, à Jacques Huard et Angélique Boucher.

Le 21 avril 1743, décès de Catherine Leguay, à Saint-Joseph de Lévis.

Dans le procès-verbal de Louis Fleury de la Gorgendière, dressé le 4 septembre 1751, Jacques Huard est toujours propriétaire de cette terre.

Le 24 avril 1754, sépulture d'Angélique Boucher, à Saint-Joseph de Lévis.

Le 8 août 1757, sépulture de Jacques Huard, à Saint-Joseph de Lévis. Ses biens seront plus tard partagés entre ses huit enfants.

Dans l'intervalle, le 3 novembre 1757, devant Simon Sanguinet père, Jean-Marie Huard cède à son frère Jean-Baptiste « tous et tels droits successifs » qui pourront lui revenir « sur une terre et habitation de sept arpents de front [...] d'un côté au nord-est joignant Louis Levasseur, et du côté du sud-ouest à la rivière des Etchemins ».

Le 7 octobre 1760, devant Simon Sanguinet père, les biens sont partagés entre les frères et sœurs et la terre est divisée en huit lots de huit perches treize pieds six pouces. D'ouest en est :

- Jean-Baptiste Huard
- Jean-Marie Huard (qui a déjà vendu sa part à Jean-Baptiste)
- Charles Huard
- Angélique Huard l'aînée et Jean Leroy
- Marie-Louise Huard et Louis Couture
- feu Marie-Geneviève Huard et Louis Demers
- Marie-Catherine Huard
- Marie-Angélique Huard la cadette

Le même jour, 7 octobre 1760, devant Simon Sanguinet père, Angélique Huard l'aînée et Jean Leroy cèdent par échange à Louis Demers leur beau-frère « une part et portion de terre de huit perches treize pieds six pouces de front [...] faisant la huitième partie d'une terre et habitation de sept arpents » contre d'autres parcelles de terre plus à l'est (voir CONCESSION 6).

Le 14 mars 1761, le notaire Jean-Antoine Saillant fait l'inventaire des biens de la communauté de défunte Marie-Geneviève Huard et de Louis Demers et y inclut « une terre de neuf perches et quelques pieds de front faisant partie d'une terre de sept arpents [...] tenant d'un côté au nord-est [...] à Catherine Huard et d'autre côté au sud-ouest à [...] Louis Couture [ainsi que] trois perches et quelques pieds de terre de front [...] faisant partie de sept arpents, tenant d'un côté au nord-est à ladite Catherine Huard et d'autre côté au sud-ouest à Charles Huard ». Ces mesures s'expliquent mal. On vient de le voir, Louis Demers avait hérité, au nom de feue son épouse, de huit perches environ, auxquelles se sont ajoutées les huit perches qu'il a achetées le 7 octobre 1760, ce qui lui fait au-delà de 16 perches, et non pas une douzaine de perches divisées en deux lots. Je n'ai pas trouvé d'explication à ces mesures.

En mars 1761, devant le père Daniel Normandin, récollet missionnaire curé de Saint-Joseph de Lévis, Charles Huard cède par testament à son frère Jean-Baptiste son lot de huit perches treize pieds six pouces, ce qui fera maintenant à celui-ci trois lots, pour un total de deux arpents six perches quatre pieds six pouces[14].

Le 29 mars 1761, sépulture de Charles Huard, à Saint-Joseph de Lévis[15]. Son lot ira à Jean-Baptiste Huard, comme prévu dans son testament.

Le 12 avril 1761, sépulture de Catherine Huard, à Saint-Nicolas. Son lot sera un jour partagé entre ses frères et sœurs.

Le 29 septembre 1762, décès de Marie-Louise Huard, épouse de Louis Couture, sans héritiers. Son lot ne sera pas partagé entre ses frères et sœurs (voir ci-après).

Le 12 novembre 1763, devant François Lemaître-Lamorille, Jean-Baptiste Huard, en son nom comme au nom de ses sœurs, « renonce à la succession de ladite Marie-Louise Huard leur sœur comme pour leur être ladite succession plus onéreuse que profitable ».

Le 3 septembre 1764, décès d'Angélique la cadette, épouse de François Dubois, à Saint-Joseph de Lévis. Angélique est décédée sans héritiers. Son lot sera un jour partagé entre ses frères et sœurs.

Selon les papiers-terriers rédigés par Jean-Antoine Saillant en 1765, la terre de sept arpents est maintenant répartie, d'ouest en est, de la façon suivante :

---

[14] Titre nouvel accordé à Jean-Baptiste Huard, notaire Jean-Antoine Saillant, 9 mai 1765.
[15] Le Dictionnaire Tanguay donne le 17 mars, mais les frères et sœurs du défunt donnent le 29 mars dans un contrat passé devant Simon Sanguinet père le 22 juin 1761.

CONCESSIONS 1 ET 2
(7 arpents)

	Concession 1 (4 arpents)		Concession 2 (3 arpents)	
9 mai 1765	Jean-Baptiste Huard (2,6 arpents et 4 pieds)	Louis Couture (0,8 arpent et 13 pieds)	Louis Demers veuf Geneviève Huard (2,3 arpents et 6 pieds)	François Dubois veuf Angélique Huard (1,1 arpent et 12 pieds)
2 juin 1765	Jean-Baptiste Huard et Angélique Dubois (3,5 arpents)		Louis Demers veuf Geneviève Huard (1,7 arpent et 9 pieds)	Héritiers de Catherine et Angélique Huard * (1,7 arpent et 9 pieds)

* Les parts de Catherine et d'Angélique la cadette sont restées indivises pendant une dizaine d'années.

Jean-Baptiste Huard et Angélique Dubois	2,6 arpents et 4 pieds
Louis Couture, veuf de Marie-Louise Huard	0,8 arpent et 13 pieds
Louis Demers, veuf de Geneviève Huard	2,3 arpents et 6 pieds
François Dubois, veuf d'Angélique Huard la cadette	<u>1,1 arpent et 12 pieds</u>
	6,8 arpents et 35 pieds
soit :	7,0 arpents

D'après la déclaration de Jean-Baptiste Huard, rapportée par le notaire Saillant le 9 mai 1765, « Monsieur Charest s'est trompé dans son papier-terrier » quant à l'emplacement exact des lots hérités de Jacques Huard. Cette déclaration laisse supposer que le notaire s'est basé sur le « papier-terrier » du seigneur Charest, plutôt que sur les déclarations des tenanciers, et il se peut, en conséquence, que monsieur Charest n'ait pas eu en main l'information la plus récente.

En l'occurrence, les données fournies ci-dessus sont approximatives, car il faudrait ajouter à Jean-Baptiste Huard et à Louis Couture, par exemple, les parts provenant des décès de Catherine et d'Angélique la cadette, décédées sans héritiers, tout en soustrayant ces parts à Louis Demers et à François Dubois.

Enfin, le 2 juin 1765, devant Jean-Antoine Saillant, Louis Couture cède à son beau-frère, Jean-Baptiste Huard, « une terre de huit perches de front […] appartenant audit vendeur au moyen de la renonciation faite par les héritiers de défunte Marie-Louise Huard […] le douze novembre mil sept cent soixante-trois ».

À cette date, la répartition de la terre est la suivante :

Jean-Baptiste Huard et Angélique Dubois	3,5 arpents
Louis Demers, veuf de Geneviève Huard	1,7 arpent et 9 pieds
Héritiers présomptifs de Catherine et d'Angélique	<u>1,7 arpent et 9 pieds</u>
	6,9 arpents et 18 pieds
soit :	7,0 arpents

On apprendra beaucoup plus tard, dans un contrat du 18 juillet 1778 passé devant Jean-Antoine Panet, qu'une portion de terre était encore à ce moment-là « indivise et à subdiviser entre les frères, sœurs, neveux et nièces de ladite Marie-Angélique Huard la cadette ».

**Photo aérienne de l'embouchure de l'Etchemin,
Google Map, 2017.**

CONCESSION 3 – LAURENT LEVASSEUR

Terre d'environ 4 arpents et 6 perches

Il existe des désaccords, entre les auteurs, concernant la largeur de cette terre, dont le contrat de concession semble avoir disparu.

Le 8 novembre 1670, toutefois, devant le notaire Gilles Rageot, Laurent Levasseur est cité comme voisin, en aval, de Jean Leguay.

Le 26 novembre 1672, devant Gilles Rageot, Laurent Levasseur reconnaît « devoir bien et loyamment à Claude de Bermen, écuyer, sieur de la Martinière [...] la somme de dix neuf livres six sols pour deux années d'arrérages de rente ». On ne mentionne toutefois pas la largeur de la concession.

Puis, le 29 juillet 1674, devant Gilles Rageot, Claude de Bermen, sieur de la Martinière, agrandit la terre du voisin de Laurent Levasseur en aval, Pierre Pouillard, dont la concession passe de trois à quatre arpents, apparemment au détriment de Levasseur.

Laurent Levasseur en appelle au Conseil souverain et il s'ensuit plusieurs comparutions successives en quelques semaines seulement. Finalement, le 29 août 1674, le Conseil souverain décrète que le demandeur (Levasseur) « jouira paisiblement de trois arpents six perches de front, tenant aux trois arpents de front concédés audit défendeur [Pierre Pouillard] par le sieur de Lauzon, et que ledit défendeur *prendrait l'arpent à lui accordé par le sieur de la Martinière entre le demandeur et Jean Leguay, si ledit Leguay en demeurait d'accord, sinon serait pris entre ledit Leguay et Nicolas Durand, si mieux lesdits Levasseur et Pouillard n'aimaient partager ledit arpent,* en sorte que ledit Levasseur en ait quatre perches qui feront quatre arpents pour lui, et les six autres perches audit Pouillard qui lui feront trois arpents six perches [...] ce qu'ils seraient tenus d'opter dans huitaine ».

Voilà donc qui explique la confusion concernant la largeur de cette terre. Il n'est pas clair s'il existe un arpent inoccupé entre Levasseur et Leguay, ou encore entre Leguay et Durand, ou si le Conseil souverain suggère simplement que les bornes soient toutes déplacées d'un arpent vers l'ouest, mais il est évident que Levasseur vient soit de perdre un arpent, soit de se retrouver dans l'obligation de se déplacer lui-même d'un arpent vers la rivière Etchemin.

Il semblerait finalement que Pierre Pouillard ait pris son quatrième arpent entre Jean Leguay et Laurent Levasseur, puisque le 19 mai 1675, devant Pierre Duquet, Pierre Pouillard vend à Laurent Levasseur « un arpent de terre de front [...] qui joint d'un côté ledit acquéreur, d'autre côté à Jean Leguay ». Cette vente est d'ailleurs confirmée, dans le contrat déjà mentionné du 4 juin 1675, devant Romain Becquet, lorsque Nicolas Durand vend à Jean Leguay « une habitation [...] bornée d'un côté à Laurent Levasseur <u>à cause d'un arpent de terre de front par lui acquis de Pierre Pouillard</u>, d'autre côté la rivière dite Etchemin ». C'est ainsi que la terre de Laurent Levasseur passe de trois arpents et six perches originalement à quatre arpents et six perches en 1675.

Au dénombrement de 1681, Laurent Levasseur est toujours propriétaire de cette terre.

Le 21 avril 1692, Laurent Levasseur est condamné par le Conseil souverain à payer à Claude de Bermen, sieur de la Martinière, « la somme de soixante-neuf livres dix sols tant pour un billet de celle de quarante livres, que pour arrérages de deux années de cens, rentes et chapons » et se voit « débouté de sa demande incidente pour le remboursement par lui prétendu lui être fait de vingt-sept livres et de la restitution des rentes d'un arpent de terre par lui acquis de Pierre Pouillard ». Cette condamnation est reconfirmée le 30 juin 1692.

Le 26 septembre 1707, l'arpenteur Hilaire Bernard de la Rivière confirme et mesure « audit Laurent [Levasseur] quatre arpents six perches suivant la teneur de son contrat ».

Le 27 juillet 1708, l'arpenteur Hilaire Bernard de la Rivière reconfirme que la « terre audit Levasseur au sud-ouest dudit Lafleur[16] [successeur de Pierre Pouillard] a de front quatre arpents six perches ».

Sur la carte de Catalogne, en 1709, la terre paraît sous le nom de Laurent Levasseur, entre celles de Martin Gueudon et de (Jean-François Dussault dit) Lafleur Mortagne.

Vers 1715, décès de Marie Marchand, épouse de Laurent Levasseur.

Le 19 octobre 1716, devant Florent de la Cetière, Laurent Levasseur donne à son fils Louis « la moitié d'une terre et habitation dépendant de sa communauté avec défunte Marie Marchand sa femme consistant en son total en *quatre arpents six perches* de terre de front [...] joignant d'un côté au nord-est à l'habitation de la veuve et héritiers de défunt Jean-François Dussault et du côté du suroît à celle appartenant aux enfants de défunt Jean Leguay ». Levasseur ajoute que la terre est indivise entre ses enfants héritiers de leur mère et lui-même. Par ailleurs, son fils Louis aura également jouissance des autres terres de son père (voir CONCESSIONS 5 et 15) jusqu'au décès de celui-ci, ce qui inclut l'autre moitié de la présente terre. Enfin, la chose n'est pas mentionnée clairement, mais il semble que Laurent Levasseur continuera d'habiter, avec son fils, sur la terre en question.

Le 21 octobre 1716, devant Pierre Rivet Cavelier, Pierre Levasseur, « héritier pour une septième partie de défunte Marie Marchand sa mère », vend à son frère Louis « tous les droits successifs immobiliers [...] audit vendeur appartenant et qui lui sont avenus et échus par le décès de ladite Marie Marchand sa mère en trois habitations sises en la paroisse Saint-Joseph » (voir CONCESSSIONS 5 et 15). Par contre, certains autres des frères et sœurs de Louis contestent la donation faite par leur père le 19 octobre 1716, mais le 15 mars 1720, la prévôté de Québec la maintient.

---

[16] Jean-François Dussault dit Lafleur dit Mortagne.

Le 4 octobre 1717, devant Étienne Dubreuil, Claire-Françoise Levasseur, épouse de Louis Michaud, vend à son frère Louis « les droits successifs tant meubles qu'immeubles […] appartenant de présent à ladite succession Levasseur par le décès de défunte Marie Marchand sa mère et mère dudit acquéreur, ensemble tous ceux qui pourraient lui compéter et appartenir à l'avenir par la succession future de Laurent Levasseur leur père ».

Dans l'aveu de 1723, on donne encore Laurent Levasseur comme propriétaire de la terre de *quatre arpents six perches*, même s'il en a fait don à son fils Louis en 1716.

Le 26 décembre 1726, décès de Laurent Levasseur, à Québec.

Le 4 septembre 1736, devant Claude Barolet, *Laurent* Levasseur est cité comme voisin, en aval, de la terre de sept arpents appartenant à Jacques Huard. Bien sûr, il ne s'agit plus de Laurent, mais bien de son fils, Louis Levasseur.

Dans le procès-verbal de Jean Eustache Lanoullier de Boisclerc, dressé en 1738, Louis Levasseur est donné comme propriétaire de la terre, entre Jacques Huard et Pierre Dussault.

Le 18 septembre 1739[17], Louis Levasseur soumet une requête à Jean Eustache Lanoullier de Boisclerc, grand voyer, afin qu'il modifie le tracé du chemin déterminé l'année précédente sur la largeur de sa terre de *quatre arpents*. On notera ici que la terre ne mesure plus que quatre arpents, et non quatre arpents six perches. S'agit-il d'une imprécision?

Le 12 avril 1746, devant Jacques-Nicolas Pinguet, Louis Levasseur et son épouse Geneviève Huard font donation à leur fils Louis de « la moitié franche de leurs deux terres […] dont l'une *de 4 arpents de front* et l'autre d'un arpent ½ ». Quant à l'autre moitié des deux terres, Louis Levasseur et Geneviève Huard se la réservent « pour légitime de leurs autres enfants », mais en confient tout de même immédiatement l'exploitation à leur fils Louis, en prévoyant que celui-ci devra verser à leur décès la somme de deux mille livres à ses frères et sœurs. En résumé, leur fils Louis obtient la moitié de la terre gratuitement et achètera l'autre moitié de ses frères et sœurs au décès de ses parents. Et on notera, encore une fois, que la terre ne mesure plus que quatre arpents de front, ce qui sera encore confirmé en 1765 (voir plus bas). Il semble donc qu'entre 1723 et 1739, les Levasseur aient perdu six perches, mais je n'ai trouvé aucune trace d'une transaction en ce sens. De nouvelles mesures auraient-elles confirmé que la terre était moins large qu'on ne le pensait initialement?

Par ailleurs, les transactions du 12 avril 1746 ont sans doute pour objectif d'établir Louis fils, puisque celui-ci épouse Marie-Anne Journeau deux semaines plus tard, soit le 27 avril, à Saint-Joseph de Lévis.

---

[17] Le document porte la date du 18 septembre 1739, mais il est enregistré dans l'*Inventaire des procès-verbaux des grands voyers* en date du 22 novembre 1739.

Dans le procès-verbal de Louis Fleury de la Gorgendière, dressé le 4 septembre 1751, c'est Louis Levasseur qui est mentionné comme propriétaire de cette terre.

Le 18 août 1757, sépulture de Louis Levasseur père, à Saint-Joseph de Lévis (son épouse, Geneviève Huard, lui survivra jusqu'au 28 novembre 1773).

Le 17 février 1763, sépulture de Louis Levasseur fils, à Saint-Joseph de Lévis.

Selon les papiers-terriers rédigés par Jean-Antoine Saillant en 1765, Marie-Anne Journeau, veuve de Louis Levasseur fils, possède à cet endroit une terre *de quatre arpents de front*. La réduction de quatre arpents six perches à quatre arpents n'est nullement expliquée. Chose certaine, les terres de ses voisins ne se sont pas accrues de ces six perches.

CONCESSION 4 – PIERRE POUILLARD

Terre de 3 arpents et 2 perches

Le 18 juin 1666, devant le notaire Romain Becquet, Charles de Lauzon, sieur de Charny, consent à Pierre Pouillard[18] « une concession contenant *trois* arpents […] bornée d'un côté à la rivière de la Scie, d'autre côté aux terres non concédées » (on se souviendra que son voisin en amont, Laurent Levasseur, n'arrivera que vers 1670).

Le 25 novembre 1672, devant Gilles Rageot, Pierre Pouillard reconnaît « devoir bien et loyamment » deux ans d'arrérages de rentes seigneuriales à Claude de Bermen, sieur de la Martinière.

Le 29 juillet 1674, devant Gilles Rageot, Claude de Bermen, sieur de la Martinière, reconnaît à « Pierre Pouillard dit le grand Pierre […] une concession de *quatre* arpents de terre de front […] joignant d'un côté Laurent Levasseur, d'autre la rivière de la Scie ». Le sieur de la Martinière agrandit ainsi la terre de Pierre Pouillard, qui passe de trois à quatre arpents, apparemment au détriment de Laurent Levasseur.

Laurent Levasseur en appelle au Conseil souverain et il s'ensuit plusieurs comparutions successives en quelques semaines seulement. Finalement, le 29 août 1674, le Conseil souverain décrète que le demandeur (Levasseur) « jouira paisiblement de trois arpents six perches de front, tenant aux trois arpents de front concédés audit défendeur [Pierre Pouillard] par le sieur de Lauzon, et que ledit défendeur *prendrait l'arpent à lui accordé par le sieur de la Martinière entre le demandeur et Jean Leguay, si ledit Leguay en demeurait d'accord, sinon serait pris entre ledit Leguay et Nicolas Durand, si mieux lesdits Levasseur et Pouillard n'aimaient partager ledit arpent,* en sorte que ledit Levasseur en ait quatre perches qui feront quatre arpents pour lui, et les six autres perches audit Pouillard qui lui feront trois arpents six perches […] ce qu'ils seraient tenus d'opter dans huitaine ».

Il n'est pas clair ici s'il existe un arpent inoccupé entre Levasseur et Leguay, ou encore entre Leguay et Durand, ou si le Conseil souverain suggère simplement que les bornes soient toutes déplacées d'un arpent vers l'ouest, mais il est évident que Levasseur vient soit de perdre un arpent, soit de se retrouver dans l'obligation de se déplacer lui-même d'un arpent vers la rivière Etchemin.

Il semblerait finalement que Pierre Pouillard ait pris son quatrième arpent entre Jean Leguay et Laurent Levasseur, puisque le 19 mai 1675, devant Pierre Duquet, Pierre Pouillard vend à Laurent Levasseur « un arpent de terre de front […] qui joint d'un côté ledit acquéreur, d'autre côté à Jean Leguay ». Cette vente est d'ailleurs confirmée, dans le contrat déjà mentionné du 4 juin 1675, devant Romain Becquet, lorsque Nicolas Durand vend à Jean Leguay « une habitation […] bornée d'un côté à Laurent Levasseur <u>à cause d'un arpent de terre de front par lui acquis de Pierre Pouillard</u>, d'autre côté la

---

[18] Variantes recensées au cours de ce travail : Pouillart, Pouilliot, Poulliot.

rivière dite Etchemin ». C'est ainsi que la terre de Pierre Pouillard conservera ses trois arpents originaux.

Au dénombrement de 1681, Pierre Pouillard possède toujours une terre de trois arpents.

Le 20 mai 1689, devant Gilles Rageot, Pierre Pouillard est cité comme voisin de Laurent Levasseur, qui achète une autre terre, *en aval*, joignant « d'un côté aux Religieuses Ursulines, d'autre à Pierre Pouillard ». En conséquence, Pierre Pouillard a désormais Laurent Levasseur comme voisin des deux côtés.

Le 25 janvier 1703, devant le curé Philippe Boucher, de Saint-Joseph de Lévis, Pierre Pouillard, qui est veuf et sans enfants, lègue sa terre à Jean-François Dussault[19] et son épouse, Madeleine Bourassa. Ce testament est mentionné à divers endroits, et notamment dans l'inventaire après décès de Jean-François Dussault, fait devant Étienne Dubreuil le 24 avril 1719, mais il semble qu'il ait disparu.

À noter que Jean-François Dussault est souvent dit Lafleur, et même Mortagne, du nom du lieu d'origine de son père, Mortagne-la-Vieille, en Aunis.

Le 26 septembre 1707, l'arpenteur Hilaire Bernard de la Rivière est chargé de revoir la séparation des terres entre Martin Gueudon, Laurent Levasseur et Jean-François Dussault, pour en arriver à la constatation que « le nommé Dussault dit Lafleur, la terre duquel est bornée au nord-est et au sud-ouest [par] ledit Levasseur, est réduit avoir que trois arpents deux perches six pieds ». En conséquence, « lesdits Levasseur et Dussault ont été renvoyés par Monseigneur Raudot pardevant Monsieur Boucher, curé de la paroisse Saint-Joseph […] faire droit, ce que nous avons laissé en souffrance attendant le jugement définitif de mondit seigneur Raudot ».

Le 27 juillet 1708, « par vertu de l'ordonnance de Monseigneur l'Intendant en date du vingt-trois dudit mois à la requête de Jean-Francois Dussault dit Lafleur », l'arpenteur Hilaire Bernard de la Rivière sépare définitivement les terres de Laurent Levasseur et de Jean-François Dussault, déterminant que « la terre audit Dussault a de front trois arpents une perche douze pieds ».

Sur la carte de Catalogne, en 1709, la terre paraît sous le nom de « Lafleur Mortagne », les deux surnoms de Jean-François Dussault, entre deux terres appartenant à Laurent Levasseur.

Le 24 avril 1719, devant Étienne Dubreuil, les héritiers de Jean-François Dussault se partagent ses biens. La terre de « trois arpents et deux perches » est séparée par le milieu en deux parties égales. La partie nord-est demeure entre les mains de sa veuve, Madeleine Bourassa, tandis que la partie sud-ouest sera partagée entre leurs enfants.

Le 24 avril 1719 encore, devant Étienne Dubreuil, Madeleine Bourassa fait donation à son fils Pierre Dussault de « la part qui lui appartient dans une terre dépendant de la

---

[19] Variantes recensées au cours de ce travail : Du Saut, Dusaut, Dussaut, Lafleur, Mortagne.

communauté qui a été entre sondit défunt mari et elle [...] qui contient un arpent et demi et une perche de front [...] joignant d'un côté auxdits Dussault et de l'autre côté le nommé Levasseur ».

Le 15 septembre 1720, devant Florent de la Cetière, Anne Dussault vend à son frère Pierre ses droits de succession.

Le 25 avril 1722, à la demande de Madeleine Bourassa, l'Intendant Bégon autorise la mise à l'enchère de la moitié de terre (un arpent et demi) appartenant aux enfants Dussault en vue d'un contrat d'affermage de trois ans.

Dans l'aveu de 1723, on donne à *Jean-François* Dussault et à Louis *Dussault* chacun trois arpents, mais c'est une double erreur. D'une part, Jean-François Dussault, l'ancien propriétaire, est décédé au plus tard en 1719 (inventaire de ses biens), et c'est son fils Pierre qui est maintenant propriétaire de cette concession de trois arpents. Mais comme on le verra plus loin (CONCESSION 5), Pierre a aussi acheté la moitié de la concession *située en aval*, soit un arpent et demi. D'autre part, le Louis dont il s'agit ici est sans doute aucun Louis *Levasseur*, qui possède l'autre arpent et demi appartenant autrefois à son père, Laurent Levasseur. En conclusion, sur les six arpents des CONCESSIONS 4 et 5, Pierre Dussault possède maintenant quatre arpents et demi au total, tandis que Louis Levasseur possède l'autre arpent et demi.

En 1731, Joseph Dussault intente un procès contre son frère aîné, Pierre Dussault, l'accusant de s'être « emparé » des biens de ses cohéritiers et de refuser d'en rendre compte. Plusieurs autres frères et sœurs de Pierre prétendent également n'avoir rien reçu de leur héritage.

Dans le procès-verbal de Jean Eustache Lanoullier de Boisclerc, dressé en 1738, Pierre Dussault est toujours donné comme propriétaire de la terre, entre deux concessions de Louis Levasseur, et il l'a même agrandie, comme on l'a mentionné ci-dessus, à même la CONCESSION 5.

Dans le procès-verbal de Louis Fleury de la Gorgendière, dressé le 4 septembre 1751, Pierre Dussault est toujours propriétaire de cette terre.

Enfin, selon les papiers-terriers rédigés par Jean-Antoine Saillant en 1765, Pierre Dussault continue d'être propriétaire de cette terre de trois arpents et deux perches, par ailleurs agrandie en aval.

**Photo aérienne de l'embouchure de la rivière à la Scie,
Google Map, 2017.**

CONCESSION 5 – SÉBASTIEN PROUVEREAU

Terre de 3 arpents et 2 perches

Le 15 septembre 1669, devant le notaire Gilles Rageot, Claude de Bermen, sieur de la Martinière, concède une terre de *trois arpents* à Sébastien Prouvereau[20]. Cette concession figure dans l'index du greffe du notaire, mais le document semble avoir été perdu. La concession sera toutefois mentionnée dans un acte de vente passé devant Gilles Rageot en date du 20 mai 1689 et, beaucoup plus tard, le 9 mai 1765, dans le titre nouvel accordé à Marie-Anne Journeau, devant Jean-Antoine Saillant, par le seigneur James Murray.

Le 15 novembre 1671, devant Pierre Duquet, Sébastien Prouvereau est cité dans un acte de concession comme voisin, en amont, de Zacharie Lisse, censitaire des Religieuses Ursulines.

Le 29 juillet 1674, devant Gilles Rageot, on mentionne la terre de Sébastien Prouvereau sans nommer ce dernier. En effet, Claude de Bermen, sieur de la Martinière, concède une terre à Pierre Pouillard « joignant d'un côté Laurent Levasseur, d'autre la rivière de la Scie ». Cette déclaration permet de situer l'embouchure de la rivière à trois arpents du fief des Ursulines (voir LE FIEF DES URSULINES).

Le 4 août 1682, devant Gilles Rageot, « Sébastien Prouvereau habitant de ce pays demeurant ordinairement en cette ville [Québec] » loue « jusques à la Toussaint de l'année mil six cent quatre-vingt-sept, qui est cinq ans et trois mois […] à Laurent Levasseur […] une terre et habitation de *trois arpents* […] joignant le tout d'un côté Pierre Pouillard et d'autre côté Martin Gueudon […] que ledit preneur a dit bien savoir et connaître pour l'avoir vue et visitée et en être le deuxième voisin ». Martin Gueudon est le successeur de Zacharie Lisse.

Le 14 mai 1687, devant François Genaple, Sébastien Prouvereau (âgé d'environ 50 ans) déclare dans son testament « qu'il lui est dû par Laurent Levasseur son fermier vingt-neuf livres » pour les arrérages de sa ferme.

Le 15 novembre 1688, devant Gilles Rageot, Sébastien[21] Prouvereau fait donation à Charles Aubert, sieur de la Chesnaye[22], d'une « terre et habitation de *trois arpens deux chaînées* de front […] joignant d'un côté aux Religieuses Ursulines de cette ville, d'autre côté à Pierre Pouillard ». On se souviendra par ailleurs que la terre de Pierre Pouillard, dans les deux actes de concession, en 1666 et en 1674, joignait la rivière à la Scie, ce qui

---

[20] Variantes recensées au cours de ce travail : Peuvreau, Peuvret, Prénoveau, Provereau, Prouvrau, Prouvreau.

[21] Pour être plus précis, le notaire Rageot a écrit « Bastien Prouvrau ». Et dans l'inventaire après décès de Charles Aubert, dressé le 27 octobre 1702 et jours suivants, le notaire Florent de la Cetière citera ce contrat en indiquant « Simon Prouvreau ».

[22] Variantes recensées au cours de ce travail : La Chenaie, Lachenaie, La Chenaye, Lachenaye.

soutient la thèse selon laquelle la rivière à la Scie séparait la terre de Pouillard et de Prouvereau et qu'il y avait donc trois arpents entre l'embouchure de la rivière et le fief des Ursulines.

Le 7 janvier 1689, devant Gilles Rageot, Sébastien Prouvereau acquitte Laurent Levasseur de « la moitié de ce qu'il lui peut être redevable de tout le passé jusqu'à ce jour ». Prouvereau meurt peu après.

Le 20 mai 1689, devant Gilles Rageot, Charles Aubert, sieur de la Chesnaye, vend à Laurent Levasseur et Marie Marchand sa femme « une terre et concession de *trois arpents deux perches ou environ* […] joignant d'un côté aux Religieuses Ursulines, d'autre à Pierre Pouillard ».

Le 22 août 1707, dans un procès-verbal d'arpentage, Hilaire Bernard de la Rivière confirme « audit Laurent Levasseur *trois arpents deux perches* ».

Le 27 septembre 1707, suivant l'ordre de l'Intendant Raudot, Hilaire Bernard de la Rivière reconfirme encore « audit Laurent [Levasseur] *trois arpents deux perches* » dans un autre procès-verbal d'arpentage. Mais le problème d'arpentage n'est toujours pas définitivement réglé.

Le 27 juillet 1708, suivant l'ordonnance de Monseigneur l'Intendant, Hilaire Bernard de la Rivière confirme une dernière fois que « la terre dudit Levasseur, au nord-est de la terre audit Dussault, a de front *trois arpents deux perches six pieds* ».

Sur la carte de Catalogne, en 1709, la terre paraît sous le nom de Laurent Levasseur, entre celles de (Jean-François Dussault dit) Lafleur Mortagne et de Martin Gueudon. Catalogne a cependant omis de situer sur cette terre l'embouchure de la rivière à la Scie, qu'il a placée par erreur entre Martin Gueudon et Joseph Riverin (comme nous le verrons plus loin).

Le 21 août 1711, devant Louis Chambalon, Laurent Levasseur est cité comme voisin, en amont, de Martin Gueudon, qui obtient des Religieuses Ursulines une augmentation à la terre qu'il possède « joignant du côté du nord-est à l'habitation de Mathieu Huard et du côté du sud-ouest à celle de Laurent Levasseur ».

Vers 1715, décès de Marie Marchand, épouse de Laurent Levasseur.

Le 4 mai 1716, devant Pierre Rivet Cavelier, Laurent Levasseur cède aux Religieuses de l'Hôpital général de Québec, qui acceptent de prendre soin de « Marie Renette Levasseur, innocente, fille dudit Laurent Levasseur […] tous les droits de ladite Marie Renette Levasseur dans la succession de ladite défunte Marie Marchand sa mère et de ceux qu'elle pourrait prétendre dans la suite en la succession dudit Levasseur son père ». Une portion de la CONCESSION 5 vient donc de passer aux mains des Religieuses.

Le 19 octobre 1716, devant Florent de la Cetière, Laurent Levasseur donne à son fils Louis la moitié de sa terre de quatre arpents six perches (voir CONCESSION 3), ainsi que « la jouissance seulement de tous les autres biens immeubles [ce qui inclut cette terre de trois arpents] aux charges et conditions […] que ledit donataire fera faire les partages avec ses frères et sœurs » (voir CONCESSIONS 3 et 15).

Le 21 octobre 1716, devant Pierre Rivet Cavelier, Pierre Levasseur, « héritier pour une septième partie de défunte Marie Marchand sa mère », vend à son frère Louis « tous les droits successifs immobiliers […] audit vendeur appartenant et qui lui sont avenus et échus par le décès de ladite Marie Marchand sa mère en trois habitations sises en la paroisse Saint-Joseph ». Par contre, certains autres des frères et sœurs de Louis contestent la donation faite par leur père le 19 octobre 1716, mais le 15 mars 1720, la prévôté de Québec la maintient.

Le 13 juin 1717, devant Étienne Dubreuil, les Religieuses de l'Hôpital général de Québec cèdent à Jean Levasseur « les droits successifs qui appartiennent de présent à Marie Renette Levasseur, sœur dudit acquéreur, fille innocente demeurant à l'Hôpital général, à elle appartenant par le décès de défunte Marie Marchand sa mère et ceux qui lui pourraient appartenir à l'avenir par la succession future de Laurent Levasseur son père ».

Le 4 octobre 1717, devant Étienne Dubreuil, Claire-Françoise Levasseur, épouse de Louis Michaud, vend à son frère Louis « les droits successifs tant meubles qu'immeubles […] appartenant de présent à ladite succession Levasseur par le décès de défunte Marie Marchand sa mère et mère dudit acquéreur, ensemble tous ceux qui pourraient lui compéter et appartenir à l'avenir par la succession future de Laurent Levasseur leur père ».

Le 13 juin 1719, sépulture de Marie-Françoise Levasseur, l'une des héritières, à Lauzon.

Pendant cette période, Louis Levasseur et son frère Jean se partagent les parts de leurs deux autres sœurs dans cette terre de trois arpents, de manière à posséder chacun un arpent et demi, soit la moitié sud-ouest pour Jean et la moitié nord-est pour Louis.

LOT 5 – A

Le 17 octobre 1721, devant Florent de la Cetière, Jean Levasseur vend à Pierre Dussault « un arpent et demi de terre […] faisant moitié d'une habitation […] de trois arpents […] joignant en un total au sud-ouest la terre et habitation dudit acquéreur et au nord-est celle de Jacques Huard […] audit vendeur appartenant comme héritier de défunte Marie Marchand sa mère et pour avoir acquis une part de Renée Levasseur sa sœur ».

Dans l'aveu de 1723, on donne à *Jean-François* Dussault et à Louis *Dussault* chacun trois arpents, mais c'est une double erreur. D'une part, Jean-François Dussault est décédé au plus tard en 1719 (inventaire de ses biens), et c'est son fils Pierre qui est maintenant propriétaire de cette concession de trois arpents *située en amont*, plus l'arpent et demi de la CONCESSION 5 acheté en 1721 de Jean Levasseur. D'autre part, le Louis dont il s'agit ici est sans doute aucun Louis *Levasseur*, qui possède l'autre arpent et demi appartenant autrefois à son père, Laurent Levasseur. En conclusion, sur les six arpents des CONCESSIONS 4 et 5, Pierre Dussault possède maintenant quatre arpents et demi au total, tandis que Louis Levasseur possède l'autre arpent et demi.

Dans le procès-verbal de Jean Eustache Lanoullier de Boisclerc, dressé en 1738, Pierre Dussault est dûment situé entre deux terres appartenant à Louis Levasseur.

Dans le procès-verbal de Louis Fleury de la Gorgendière, dressé le 4 septembre 1751, Pierre Dussault est mentionné entre Louis Levasseur et Jacques Huard, ce qui est inexact. Il se trouve en fait entre deux terres appartenant à Louis Levasseur.

Enfin, selon les papiers-terriers rédigés par Jean-Antoine Saillant en 1765, Pierre Dussault continue d'être propriétaire d'une terre comptant au total quatre arpents et demi, soit les trois arpents originalement concédés à Pierre Pouillard (CONCESSION 4), et la moitié, ou un arpent et demi, de la terre originalement concédée à Sébastien Prouvereau (CONCESSION 5).

LOT 5 – B

Dans l'aveu de 1723, on donne à *Jean-François* Dussault et à Louis *Dussault* chacun trois arpents, mais c'est une double erreur. D'une part, Jean-François Dussault est décédé au plus tard en 1719 (inventaire de ses biens), et c'est son fils Pierre qui est maintenant propriétaire de cette concession de trois arpents *située en amont*, plus l'arpent et demi de la CONCESSION 5 acheté en 1721 de Jean Levasseur (voir LOT 5 – A). D'autre part, le Louis dont il s'agit ici est sans doute aucun Louis *Levasseur*, qui possède l'autre arpent et demi appartenant autrefois à son père, Laurent Levasseur. En conclusion, sur les six arpents des CONCESSIONS 4 et 5, Pierre Dussault possède maintenant quatre arpents et demi au total, tandis que Louis Levasseur possède l'autre arpent et demi.

Dans le procès-verbal de Jean Eustache Lanoullier de Boisclerc, dressé en 1738, Louis Levasseur est dûment situé entre Pierre Dussault et Jacques Huard.

Le 18 juin 1742, « à la requête des sieurs Jacques Huard et Louis Levasseur », Noël Bonhomme dit Beaupré prolonge la ligne séparant leurs terres respectives sur une distance de quarante arpents de profondeur.

Le 12 avril 1746, devant Jacques-Nicolas Pinguet, Louis Levasseur et son épouse Geneviève Huard font donation à leur fils Louis de « la moitié franche de leurs deux terres […] dont l'une de 4 arpents de front et l'autre d'un arpent ½ ». Quant à l'autre moitié des deux terres, Louis Levasseur et Geneviève Huard se la réservent « pour légitime de leurs autres enfants », mais en confient tout de même immédiatement l'exploitation à leur fils Louis, en prévoyant que celui-ci devra verser à leur décès la somme de deux mille livres à ses frères et sœurs. En résumé, leur fils Louis obtient la moitié de la terre gratuitement et achètera l'autre moitié de ses frères et sœurs au décès de ses parents.

Ces transactions ont sans doute pour objectif d'établir Louis fils, puisque celui-ci épouse Marie-Anne Journeau deux semaines plus tard, soit le 27 avril 1746, à Saint-Joseph de Lévis.

Dans le procès-verbal de Louis Fleury de la Gorgendière, dressé le 4 septembre 1751, Louis Levasseur fils est toujours propriétaire de cette terre, dont la ligne de séparation avec la terre de Jacques Huard va devenir le site du nouveau chemin de descente des habitants de Taniata.

Le 11 décembre 1752, l'arpenteur Ignace Plamondon est chargé par le seigneur Charest de « rafraîchir une ancienne ligne ci-devant tirée séparant le fief des dames Religieuses Ursulines de Québec concédé en partie au sieur Jacques Huard, ladite ligne séparant ledit fief [d'un lot] d'un arpent et demi situé au sud-ouest d'icelle possédé par Louis Levasseur ».

Le 18 août 1757, sépulture de Louis Levasseur père, à Saint-Joseph de Lévis (son épouse, Geneviève Huard, lui survivra jusqu'au 28 novembre 1773).

Le 17 février 1763, sépulture de Louis Levasseur fils, à Saint-Joseph de Lévis.

Selon les papiers-terriers rédigés par Jean-Antoine Saillant en 1765, Marie-Anne Journeau, veuve de Louis Levasseur fils, possède à cet endroit une terre d'un arpent et demi.

LES VOISINS AU FIL DU TEMPS

ANNÉE	CONCESSION 5	CONCESSION 6	CONCESSION 7
1665			Jacques Bigeon
1669	Sébastien Prouvereau		Antoine Dupré
1670		Zacharie Lisse	
1671		Martin Gueudon	
1682	(Loc. : Laur. Levasseur)		Veuve Dupré
1683			(Loc. : Jean Huard)
1687	(Loc. : Laur. Levasseur)		
1688	C. Aubert de la Chesnaye		
1689	Laurent Levasseur		Hér. Dupré : Légaré
1697			(Loc. : Laur. Levasseur)
1702			J. Riverin, J. de Saint-Lo
1709			Joseph Riverin
1710			Mathieu Huard
1716	Louis Levasseur et autres	Catherine Leguay	
1719	Jean et Louis Levasseur		
1721	Pierre Dussault / Louis Levasseur père	Terre exploitée par Jacques Huard père	
1743		Jean-Joseph Huard	
1746	Pierre Dussault / Louis Levasseur fils		
1748		Jacques Huard père	
1749		J. Huard père et fils	
1751		Jacques Huard père	
1753		Michel Bégin / J. Huard père/ Étienne Huard	
1754		M. Bégin / Étienne Huard	
1755		Michel Bégin / Jacques Huard père	
1757		Michel Bégin / Hér. de Jacques Huard père	Enfants de Mathieu Huard dit Désilets
1762			Louis Quentin / Hér. Huard

LE FIEF DES URSULINES

Fief de 8 arpents

Le 29 octobre 1650, Louis D'Ailleboust, au nom du seigneur Jean de Lauzon, concède sous seing privé aux Religieuses Ursulines de Québec « le nombre de *cinq arpents* de terre sur le fleuve Saint-Laurent sur *cinquante de profondeur* bornés ainsi qu'il ensuit, savoir du côté du nord-est aux terres non concédées, d'autre côté au sud-ouest *à un arpent près la rivière du Moulin de la Planche* ». La concession mesure donc 250 arpents carrés.

Le 4 mai 1654, devant Louis Rouer de Villeray, son secrétaire, le seigneur Jean de Lauzon accorde une augmentation aux Religieuses Ursulines de Québec, pour un total de « *huit arpents* de front sur le grand fleuve Saint-Laurent à commencer *à trois arpents près de l'embouchure du ruisseau du Moulin à Scie* [...] bornés des deux côtés aux terres non concédées et *quarante arpents de profondeu*r […] à la réserve du cours d'eau dudit ruisseau du Moulin à Scie, que nous nous réservons en tout son contenu avec dix-huit pieds de chaque côté ».

Dans ce second document, le seigneur de Lauzon ne précise pas la raison de cette augmentation, mais une hypothèse serait qu'il ait voulu limiter la profondeur du fief à quarante arpents, comme c'est et ce sera le cas pour les terres voisines. En échange, bien sûr, le seigneur aurait accordé une plus grande étendue sur le fleuve, pour un total de 320 arpents carrés.

Et comme la nouvelle concession commence, en aval, à trois arpents de l'embouchure de la rivière à la Scie, la nouvelle terre concédée se trouve un peu plus à l'est que la première.

Sur la carte de Catalogne, en 1709, la rivière à la Scie a été située sur la terre de Joseph Riverin, en plein centre du fief des Ursulines. Cette erreur est probablement attribuable au libellé du document de 1654, dans lequel le seigneur de Lauzon se réserve le cours d'eau. En fait, il faut comprendre, d'une part, que la rivière à la Scie, sur plusieurs arpents, coule presque en parallèle avec le fleuve, ce qui signifie qu'elle traverse plusieurs terres d'ouest en est, y compris le fief des Ursulines. D'autre part, les seigneurs se réservaient presque toujours les cours d'eau, où qu'ils soient situés sur les terres concédées, pour leur valeur économique. Le fait que ce cours d'eau soit déjà appelé, en 1650, *rivière du Moulin de la Planche*, indique bien qu'il était déjà exploité lorsque la concession a été faite. Mais que le seigneur se réserve le cours d'eau ne signifie pas que celui-ci ait son embouchure dans le fief, ce qui n'est, effectivement, pas le cas.

Chose certaine, Léon Roy situe la « *chute* de la rivière à Scie » entre Sébastien Prouvereau et Pierre Pouillard, à trois arpents du fief des Ursulines[23], ce que nous avons déjà constaté plus haut.

---

[23] Roy, Léon, op. cit., p. 61.

Les Ursulines créeront dans leur fief deux concessions et, comme on le verra, elles seront continuellement mentionnées, dans les contrats, comme seigneuresses de ces deux terres.

D'ailleurs, elles en demeureront propriétaires pour toute la période à l'étude dans ce document. Lorsque le seigneur de Lauzon, Étienne Charest, devant le notaire Jean-Claude Panet, vendra la seigneurie à James Murray, en 1765, il mentionnera que « possèdent en outre lesdites Dames Religieuses Ursulines une terre en roture située à la Pointe de Lévis de huit arpents de front sur quarante arpents de profondeur bornée au nord-est à la terre d'Étienne Huard et au sud-ouest à la terre de Louis Levasseur ».

CONCESSION 6 – ZACHARIE LISSE

Terre de 4 arpents

Le 11 juin 1670, selon le greffe du notaire Pierre Duquet, les Religieuses Ursulines concèdent à Zacharie Lisse[24] une terre de quatre arpents de front, soit la moitié sud-ouest de leur fief. Contrairement aux terres voisines attribuées par le seigneur de Lauzon, toutefois, les Religieuses ne concèdent qu'une profondeur de vingt arpents au lieu de quarante. Malheureusement, ce document semble avoir disparu.

Le 15 octobre 1671, devant Pierre Duquet, Zacharie Lisse vend à Martin Gueudon une habitation de « quatre arpents de terre de front sur vingt arpents de profondeur sans aucun abattis […] joignant d'un côté à Sébastien Prouvereau et d'autre à Antoine Dupré ».

Le 20 août 1679, Martin Gueudon épouse Marie Brière, veuve de Jean Leguay (voir CONCESSIONS 1 et 2).

Le 22 juillet 1682, devant Pierre Duquet, Martin Gueudon et Henry Brault exploitent à frais communs « une pêche qui appartient audit Gueudon sur la terre des dames Religieuses Ursulines ».

Mais Martin Gueudon habite vraisemblablement sur la terre de son épouse, car le 30 janvier 1695, devant Louis Chambalon, il profite de la signature du contrat de mariage de sa belle-fille, Catherine Leguay, pour lui faire donation, à elle et à son futur époux, Clément Dubois, « d'une terre et habitation […] contenant quatre arpents de front […] joignant d'un côté à celle de Laurent Levasseur, d'autre côté aux héritiers d'Antoine Dupré ». Toutefois, comme on l'a vu plus tôt, il semble que ce mariage n'ait pas eu lieu et que le contrat ait été annulé (voir CONCESSIONS 1 et 2).

C'est vraisemblablement entre le 30 janvier 1695 et le 22 octobre 1701 que décède l'épouse de Martin Gueudon, car à cette dernière date, devant Louis Chambalon, Martin Gueudon fait don de trois cents livres à Catherine Leguay, « demeurant avec ledit Gueudon son beau-père », pour le paiement desquelles il affecte spécialement « son habitation où il fait présentement sa demeure sise en la côte de Lauzon, joignant d'un côté à l'habitation de Nicolas Légaré et d'autre côté à celle de Laurent Levasseur ». Gueudon est donc revenu dans le fief des Ursulines, voisin de Nicolas Légaré, qui représente les héritiers d'Antoine Dupré.

Le 1er avril 1702, devant Louis Chambalon, Martin Gueudon est cité comme voisin, en amont, d'une terre vendue par les héritiers Dupré à Joseph Riverin.

Le 9 décembre 1702, devant Louis Chambalon, Martin Gueudon est cité comme voisin, en amont, d'une terre vendue par Joseph Riverin à Jean de Saint-Lo. Ce contrat sera cependant résilié (voir CONCESSION 7).

---
[24] Variantes recensées au cours de ce travail : Lice, Lis.

Sur la carte de Catalogne, en 1709, la terre paraît sous le nom de Martin Gueudon, entre celles de Laurent Levasseur et de Joseph Riverin.

Le 13 novembre 1709, devant Louis Chambalon, Catherine Leguay et son beau-père, Martin Gueudon, « par reconnaissance de ce que ladite Leguay sa belle-fille a toujours demeuré avec lui et le gouverne en sa vieillesse » (il a 64 ans), se font mutuellement donation de tous leurs biens respectifs.

Le 29 octobre 1710, devant Louis Chambalon, Martin Gueudon est cité comme voisin, en amont, d'une terre vendue par Joseph Riverin à Mathieu Huard.

Le 21 août 1711, devant Louis Chambalon, les Religieuses Ursulines accordent à Martin Gueudon, « absent, Catherine Leguay sa belle-fille et sa donataire a ce présente et acceptant pour lui […], une augmentation de terre au bout de la profondeur de l'habitation que ledit Gueudon a acquise de Zacharie Lisse […] sur vingt arpents de profondeur dans les terres, de manière que le total de ladite habitation compris ladite augmentation aura dorénavant quarante arpents, joignant du côté du nord-est à l'habitation de Mathieu Huard et du côté du sud-ouest à celle de Laurent Levasseur ». Ainsi, la concession aura la même profondeur que toutes les autres terres du voisinage.

Le 25 juillet 1714, devant Florent de la Cetière, Martin Gueudon « et Catherine Leguay sa belle-fille et sa légataire » reconnaissent avoir *par le passé* vendu à Georges Regnard, sieur Duplessis, « deux arpents de terre *en superficie* […] joignant d'un côté à Laurent Levasseur et de l'autre lesdits vendeurs, sur lesquels deux arpents a été construit le moulin à blé et l'écluse d'icelui, même quelques dalles du moulin à scie qu'a ci-devant fait construire Messire Georges Regnard, sieur Duplessis […] bornés à l'alignement qui est entre lesdits vendeurs et Laurent Levasseur en descendant au nord-est jusqu'à la pointe qui finit l'anse, se réservant lesdits vendeurs l'autre anse suivante depuis ladite pointe en descendant au nord-est, quoique depuis ladite ligne dudit Levasseur jusqu'à ladite pointe, il ne se trouve pas les deux arpents de profondeur depuis le fleuve Saint-Laurent jusqu'à la rivière à la Scie ». Et comme la seigneurie a été vendue entretemps au sieur Étienne Charest, c'est à lui que les vendeurs transportent « dès maintenant et à toujours lesdits deux arpents de terre ou environ ».

Martin Gueudon décède vraisemblablement entre le 25 juillet 1714 (contrat précédent) et le 13 novembre 1716, car à cette dernière date, devant Pierre Rivet Cavelier, Catherine Leguay donne en cadeau de mariage à sa nièce Angélique Boucher, qui épouse Jacques Huard, la moitié de l'ancienne terre de son père (voir CONCESSIONS 1 et 2) « à la charge par lesdits futurs époux de nourrir, loger, chauffer et entretenir ladite donatrice, tant saine que malade, pendant sa vie ». Elle n'habite en conséquence plus chez Martin Gueudon. Celui-ci est donc sans doute décédé, mais on ne peut le prouver, car plusieurs registres de Saint-Joseph de Lévis sont manquants. En l'occurrence, cependant, Catherine Leguay devient seule propriétaire de l'ancienne terre de Martin Gueudon, en vertu de leur contrat de donation mutuelle de 1709.

Dans l'aveu de 1723, la totalité du fief des Ursulines, soit huit arpents, est attribuée par double erreur à un certain *François Huard dit Désilets*. En réalité, la moitié sud-ouest du fief appartient toujours à Catherine Leguay, mais elle est exploitée par son neveu par alliance, Jacques Huard. Comme on le verra ci-après (CONCESSION 7), la moitié nord-est appartient à *Mathieu* Huard dit Désilets : il n'a jamais existé aucun François Huard dit Désilets[25].

Dans le procès-verbal de Jean Eustache Lanoullier de Boisclerc, dressé en 1738, Jacques Huard est correctement situé entre Louis Levasseur et Mathieu Huard et continue d'exploiter la terre de sa tante Catherine, qui a alors 62 ans.

Le 14 avril 1743, devant Jacques-Nicolas Pinguet, Catherine Leguay, alors âgée de 67 ans, « lègue à Jean-Joseph Huard, son petit-neveu et filleul […] une terre contenant quatre arpents de front […] bornée d'un côté au nord-est à Mathieu Huard, d'autre côté au sud-ouest à Louis Levasseur ».

Le 21 avril 1743, décès de Catherine Leguay, à Saint-Joseph de Lévis. La terre passe à son petit-neveu, Jean-Joseph Huard, fils de Jacques Huard et d'Angélique Boucher.

Le 26 janvier 1748, sépulture de Jean-Joseph Huard, à Saint-Joseph de Lévis. Ses parents, Jacques Huard et Angélique Boucher, récupèrent la terre (voir LOT 6 – B, le 30 octobre 1753).

Bientôt, la concession de quatre arpents sera divisée en deux lots de deux arpents, soit la moitié sud-ouest à Jacques Huard fils, et la moitié nord-est à Étienne Huard.

LOT 6 - A

Le 24 septembre 1749, devant Claude Barolet, Jacques Huard et Angélique Boucher font donation à leur fils Jacques, qui va épouser Marie-Joseph Turgeon le 30 septembre, de « deux arpents de terre […] au fief des dames Religieuses Ursulines […] bornés en leur total au premier rang d'un bord au nord-est à la terre de Mathieu Huard, de l'autre au sud-ouest à Louis Levasseur […] et prendront les futurs époux leurs deux arpents de front du côté du sud-ouest, tenant audit Levasseur ». Il est en outre précisé que les deux arpents sont ameublis et « entreront en ladite future communauté, dérogeant pour ce à toutes lois et coutumes contraires », ce qui engendrera bientôt des désaccords.

Le 9 mars 1751, sépulture de Jacques Huard *fils*, époux de Marie-Joseph Turgeon, à Saint-Joseph de Lévis.

---

[25] Dans toute la famille Huard de Lauzon, seuls Mathieu Huard, son fils Joseph et leurs filles respectives porteront le surnom de Désilets.

CONCESSION 6
(4 arpents)

Year	Column 1	Column 2	Column 3	Column 4	Year
1748	Jacques Huard et Angélique Boucher (4 arpents)				1748
1749	Jacques Huard fils et Marie-Joseph Turgeon (2 arpents)	Jacques Huard père et Angélique Boucher (2 arpents)			1749
1751	Jacques Huard et Angélique Boucher (4 arpents)				1751
1753	Marie-Joseph Turgeon, veuve, qui épouse Michel Bégin (1 arpent)	Jacques Huard père et Angélique Boucher (1 arpent)	Étienne Huard (2 arpents)		1753
1754	Michel Bégin (2 arpents)		Jacques Huard père, veuf d'Angélique Boucher (2 arpents)		1755
			7 héritiers de Jacques Huard père (2 arpents)		1757
			Louis Quentin (1,6 arpent)	3 héritiers Huard (0,4 arpent)	1762
			Louis Quentin (2 arpents)		1763
1765	Michel Bégin (2 arpents)		Louis Quentin (2 arpents)		1765

Dans le procès-verbal de Louis Fleury de la Gorgendière, dressé le 4 septembre 1751, Jacques Huard est toujours propriétaire de cette terre, dont la ligne de séparation avec la terre de Louis Levasseur va devenir le site du nouveau chemin de descente des habitants de Taniata.

Le 11 décembre 1752, l'arpenteur Ignace Plamondon est chargé par le seigneur Charest de « rafraîchir une ancienne ligne ci-devant tirée séparant le fief des dames Religieuses Ursulines de Québec concédé en partie au sieur Jacques Huard, ladite ligne séparant ledit fief [d'un lot] d'un arpent et demi situé au sud-ouest d'icelle possédé par Louis Levasseur ».

Le 8 janvier 1753 en avant-midi, devant Claude Barolet, Jacques Huard père et Angélique Boucher conviennent avec leur belle-fille, Marie-Joseph Turgeon, « *pour terminer toutes les contestations* qui pourraient naître entre eux à cause du décès dudit Huard fils », de lui céder un arpent « tenant d'un côté au sud-ouest à la terre de Louis Levasseur et de l'autre aux terres dudit Huard ». Jacques Huard et Angélique Boucher conservent alors l'autre arpent, qui est contigu aux deux arpents qu'ils possèdent déjà en aval.

Le 8 janvier 1753 en après-midi, devant Claude Barolet, Marie-Joseph Turgeon promet prendre pour mari Michel Bégin. Les futurs époux « se prennent avec tous et chacuns les biens […] ceux de ladite future épouse consistant à présent en un arpent de terre de front […] spécifié en l'acte de donation passé entre elle et ledit Huard son beau-père pardevant le notaire soussigné audit jour matin ». Michel Bégin devient donc propriétaire de l'arpent sud-ouest de la terre.

Le 15 février 1754, devant Claude Barolet, Jacques Huard père, muni d'une procuration de son épouse, Angélique Boucher, vend à Michel Bégin le second arpent qui avait appartenu à leur fils Jacques, soit un arpent dans une terre bornée « d'un côté au nord-est à la terre d'Étienne Huard, de l'autre côté au sud-ouest à la terre dudit acquéreur […] audit vendeur le susdit arpent appartenant comme faisant partie des quatre arpents de front à lui donnés par feu Joseph Huard son fils par acte pour ce passé et auquel ils appartenaient pour lui avoir été donnés et légués par feu Catherine Leguay sa tante ». Ainsi, Michel Bégin détient maintenant un total de deux arpents entre Louis Levasseur et Étienne Huard. Michel Bégin et Étienne Huard ont chacun la moitié de la terre originale.

Selon les papiers-terriers rédigés par Jean-Antoine Saillant en 1765, Michel Bégin possède deux arpents de l'ancienne terre de quatre arpents de Jacques Huard père, entre Louis Levasseur et Louis Quentin.

LOT 6 – B

Le 30 octobre 1753, devant Claude Barolet, Jacques Huard père et Angélique Boucher, « pour faciliter l'établissement d'Étienne Huard leur fils, [lui font cession de] deux arpents de terre de front […] bornés d'un côté au nord-est à la terre de Mathieu Huard son oncle, de l'autre au sud-ouest à un arpent qui appartient audit Huard père et sa dite femme [...] auxquels lesdits deux arpents de terre de front sont et appartiennent comme faisant moitié de quatre arpents à eux vendus et échus par le décès de feu Joseph Huard leur fils à qui elle appartenait pour lui avoir été donnée par Catherine Leguay sa tante [...] relevant ledit terrain des dames Religieuses Ursulines ». Ainsi, des quatre arpents originaux, Marie-Joseph Turgeon et Michel Bégin en ont un, en amont, Jacques père en conserve un, au centre (qu'il vendra le 15 février 1754, voir LOT 6 – A), et Étienne en obtient deux, en aval.

Le 24 avril 1754, sépulture d'Angélique Boucher, à Saint-Joseph de Lévis.

Le 28 septembre 1755, sépulture d'Étienne Huard à Saint-Joseph de Lévis, et retour de la terre à son père, Jacques.

Le 8 août 1757, sépulture de Jacques Huard, à Saint-Joseph de Lévis.

Le 3 octobre 1757, le notaire Simon Sanguinet père dresse l'inventaire des biens de Jacques Huard et d'Angélique Boucher, qui incluent une « concession de deux arpents [tenant] d'un côté au nord-est à Joseph Huard dit Désilets, du côté du sud-ouest à Michel Bégin ».

Le 7 octobre 1760, devant Simon Sanguinet père, la principale terre paternelle (voir CONCESSIONS 1 et 2) est partagée entre les frères et sœurs, mais « quant aux autres immeubles [...], lesdites parties ont désiré en jouir par indivis et n'ont voulu qu'ils fussent divisés ni partagés ». Néanmoins, chacun des huit héritiers est désormais propriétaire d'un quart d'arpent.

Le même jour, 7 octobre 1760, devant Simon Sanguinet père, Louis Demers, veuf de Marie-Geneviève Huard, cède à Angélique Huard et son mari, Jean Leroy, « trois petites parts et portions de terre faisant chacune la huitième partie de deux arpents de front [...] et non divisées les unes des autres, tenant et prenant lesdits deux arpents [...] d'un côté au nord-est à Joseph Huard dit Désilets, et du côté du sud-ouest à Michel Bégin, [...] lesdites parts et portions de terre [...] auxdits enfants mineurs dudit sieur Louis Demers et défunte Geneviève Huard sa femme, Marie-Catherine Huard et Marie-Angélique Huard, sœurs, appartenant de leur propre par succession ». Angélique Huard est maintenant propriétaire d'un des deux arpents légués par son père.

Toujours le 7 octobre 1760, devant Simon Sanguinet père, Angélique Huard et son mari, Jean Leroy, vendent à Charles Huard « un arpent de terre de front [...] faisant moitié d'une terre et concession de deux arpents [...] bornée la totalité d'icelle [...] d'un côté au nord-est joignant à Joseph Huard dit Désilets, et du côté du sud-ouest à Michel Bégin [...] appartenant un quart d'arpent à ladite Angélique Huard de son propre, par succession [...] et les trois autres quarts d'arpent par échange qu'ils ont fait entre eux dits vendeurs audit Louis Demers [...] comme tuteur de ses enfants mineurs issus de son mariage, encore comme tuteur de Marie-Catherine Huard et Marie-Angélique Huard ses belles-sœurs ».

Le 29 mars 1761, sépulture de Charles Huard, à Saint-Joseph de Lévis[26].

Le 12 avril 1761, sépulture de Catherine Huard, décédée sans enfants à Saint-Nicolas. Des huit héritiers à l'origine, il n'en reste que six.

Le 22 juin 1761, devant Simon Sanguinet père, les héritiers de Charles Huard, incluant sa sœur Angélique l'aînée, qui lui avait vendu un arpent l'année précédente, acceptent « que ledit contrat de vente demeure nul » vu que Charles est décédé sans avoir fait aucun paiement. Angélique Huard reprend ainsi l'arpent en question.

Le 27 mars 1762, devant Jean-Antoine Saillant, Angélique l'aînée et son second mari, Joseph Couture, Marie-Louise Huard et son mari, Louis Couture, ainsi que Jean-Baptiste Huard, trois des six héritiers restants, vendent à Louis Quentin[27] « un arpent six perches quatre pieds six pouces ou environ de front [...] à prendre et détacher d'une terre de deux arpents [...] tenant d'un côté au nord-est à l'acquéreur et d'autre côté au sud-ouest à Michel Bégin [...] appartenant ledit arpent six perches quatre pieds six pouces » aux vendeurs pour l'avoir eu en succession de leurs parents, Jacques Huard et Angélique Boucher, ainsi que de défunt Charles Huard leur frère.

Le 21 janvier 1763, devant Jean-Antoine Saillant, les trois autres héritiers restants, soit Marguerite Demers, veuve de Jean-Marie Huard, Louis Demers, veuf de Marie-Geneviève Huard et Marie-Angélique Huard, épouse de François Dubois, vendent à Louis Quentin « un quart [d'arpent] une perche douze pieds de terre ou environ de front [...] à prendre et détacher d'une terre de deux arpents [...] tenant d'un côté au nord-est à l'acquéreur susnommé et d'autre côté au sud-ouest à Michel Bégin [...] que ledit acquéreur a dit bien savoir et connaître pour [...] avoir acquis des autres héritiers leurs parts, *ce qui fait la totalité des susdits deux arpents* ».

Selon les papiers-terriers rédigés par Jean-Antoine Saillant en 1765, Louis Quentin possède deux arpents de l'ancienne terre de quatre arpents de Jacques Huard père, en aval de Michel Bégin et en amont d'une autre terre qu'il possède (voir CONCESSION 7).

---

[26] Le Dictionnaire Tanguay donne le 17 mars, mais les frères et sœurs du défunt donnent le 29 mars dans un contrat passé devant Simon Sanguinet père le 22 juin 1761.
[27] Variante recensée au cours de ce travail : Cantin.

CONCESSION 7 – ANTOINE DUPRÉ

Terre de 4 arpents

À une date inconnue, mais au plus tard en 1665[28], un premier colon a entrepris d'exploiter la moitié nord-est du fief des Ursulines. Ainsi, dans le futur contrat de concession à Antoine Dupré, il est spécifié qu'un certain « défunt Jacques *Migeon*[29] de son vivant s'était mis sur ladite habitation et en avait fait quelque travail sans qu'il eut titre desdites Révérendes Mères Religieuses Ursulines ».

Puis, le 5 juin 1669, devant le notaire Romain Becquet, les Religieuses Ursulines concèdent à Antoine Dupré la terre en question, qui consiste « en quatre arpents de front [...] et vingt *de profondeur* dans les terres joignant d'un côté la concession de Jean Huard et d'autre côté les terres desdites Révérendes Mères Religieuses Ursulines ». Comme on l'a déjà souligné et contrairement aux terres voisines qu'attribue le seigneur de Lauzon, les Religieuses ne concèdent qu'une profondeur de vingt arpents au lieu de quarante.

Selon Trudel (1674)[30], Antoine Dupré aurait cédé sa terre à Cyprien Martin en 1672. Mais ce n'est pas le cas. Il semble qu'il y ait ici confusion avec une autre transaction par laquelle Claude de Bermen, sieur de la Martinière, consent effectivement à Cyprien Martin, le 25 septembre 1672, une concession « de quatre arpents de terre de front sur le fleuve Saint-Laurent et *quarante arpents de profondeur* [...] joignant d'un côté Zacharie Lisse, d'autre les terres non concédées ». C'est que Zacharie Lisse a alors vendu sa terre dans le fief des Ursulines pour se rendre ailleurs à la Pointe de Lévis, dans Vincennes, et que Cyprien Martin a obtenu le même jour une concession au même endroit. On notera d'ailleurs que la concession offerte à Cyprien Martin a quarante arpents de profondeur : ce ne peut donc pas être une des terres du fief des Ursulines. En conclusion, la concession est demeurée entre les mains d'Antoine Dupré.

Entre 1679 et 1682, décès d'Antoine Dupré.

Le 18 octobre 1682, devant Gilles Rageot, la veuve d'Antoine Dupré, Marie-Jeanne Guérin dite Brunet, signe un contrat de mariage avec Louis Charrier.

Le 16 avril 1683, devant Pierre Duquet, Louis Charrier et Marie-Jeanne Guérin louent à Jean Huard, « à titre de ferme et prix d'argent du jour d'hui jusqu'en quatre années » une terre « joignant ladite habitation d'un côté audit preneur et d'autre à Martin Gueudon ».

Le 24 mars 1697, devant François Rageot de Beaurivage, Nicolas Légaré, « faisant tant pour lui que pour les autres cohéritiers de défunt Antoine Dupré et Marie Brunet, à présent femme du sieur Louis Charrier » donne à bail « de ce jour pour cinq années

---

[28] Hypothèse basée sur le Rapport d'enquête du 26 novembre 1665 inclus dans un acte intitulé *Accusation contre Jacques Bijon et jugement en conséquence*, daté du 16 décembre 1665, prévôté de Québec.
[29] Il s'agissait en fait de Jacques Bigeon, décédé en avril 1668.
[30] Trudel, Marcel. *Le terrier du Saint-Laurent en 1674*, Éditions du Méridien, Montréal, 1998, p. 762.

entières et consécutives finissant à pareil jour en l'année 1702 à Laurent Levasseur [...] une terre et habitation [...] contenant quatre arpents de front *sur vingt de profondeur* dans les terres, joignant d'un côté Jean Huard et d'autre côté Martin Gueudon ».

Le 22 octobre 1701, devant Louis Chambalon, Nicolas Légaré, représentant les héritiers d'Antoine Dupré, est cité comme voisin, en aval, de Martin Gueudon.

Le 1er avril 1702, devant Louis Chambalon, les enfants d'Antoine Dupré vendent à Joseph Riverin une terre de quatre arpents sur vingt « joignant d'un côté à l'habitation de Jean Huard au nord-est et au sud-ouest à celle de Martin Gueudon ». Leur mère, Marie-Jeanne Guérin dite Brunet, n'a pas droit à la moitié de cette terre vu que feu Antoine Dupré avait acquis celle-ci « auparavant le mariage de ladite Brunet ».

Le 9 décembre 1702, devant Louis Chambalon, Joseph Riverin vend à Jean de Saint-Lo une terre et habitation « contenant quatre arpents de large [...] sur vingt arpents de profondeur dans les terres joignant d'un côté à l'habitation de Jean Huard au nord-est et au sud-ouest à celle de Martin Gueudon ».

Le 23 avril 1709, devant Louis Chambalon, Jean de Saint-Lo remet à Joseph Riverin « la terre et habitation mentionnée audit contrat de vente d'autant que ledit Saint-Lo n'est point du tout en mesure de payer le prix d'icelle ».

Sur la carte de Catalogne, en 1709, la terre est correctement marquée « le S. Riverin », entre celles de Martin Gueudon et de la veuve de Jean Huard, mais on y a situé par erreur l'embouchure de la rivière à la Scie, qui se trouve plus en amont, chez Laurent Levasseur.

Le 29 octobre 1710, devant Louis Chambalon, Joseph Riverin vend à Mathieu Huard et Marie-Jeanne Jourdain sa femme « une terre et habitation [...] contenant quatre arpents de large [...] *sur vingt arpents de profondeur* dans les terres joignant du côté du nord-est à la veuve et héritiers de défunt Jean Huard, père dudit acquéreur, et du côté du sud-ouest à celle de Martin Gueudon ».

Le 21 août 1711, devant Louis Chambalon, les Religieuses Ursulines accordent à Mathieu Huard et Marie-Jeanne Jourdain sa femme « a ce présente et acceptant pour son dit mari absent [...] une augmentation de terre au bout de la profondeur de l'habitation qu'ils ont acquise du sieur Joseph Riverin », augmentation qui contient la même largeur de quatre arpents « sur vingt arpents de profondeur dans les terres, de manière que le total de ladite habitation compris ladite augmentation aura dorénavant quarante arpents [...] joignant du côté du nord-est à la veuve et héritiers de défunt Jean Huard, père dudit acquéreur, et du côté sud-ouest à celle de Martin Gueudon ». Ainsi, la concession aura dorénavant la même profondeur que toutes les autres terres du voisinage.

Dans l'aveu de 1723, la totalité du fief des Ursulines, soit huit arpents, est attribuée par double erreur à un certain *François Huard dit Désilets*. En réalité, la moitié sud-ouest du fief appartient toujours à Catherine Leguay, mais elle est exploitée par son neveu par alliance, Jacques Huard. Quant à la moitié nord-est, elle appartient toujours à Mathieu

Huard, qui est désormais surnommé Désilets. Il n'a jamais existé aucun François Huard dit Désilets[31].

Dans le procès-verbal de Jean Eustache Lanoullier de Boisclerc, dressé en 1738, on mentionne que le chemin du roi passera, entre les terres de Jacques Huard et d'Étienne Huard, « près la vieille masure de Mathieu Huard dit Désilets qui fera fossé au-dessus dudit chemin et la côte du ruisseau, sur lequel sera fait un pont ».

Le 7 décembre 1750, l'arpenteur Ignace Plamondon trace la ligne des quarante arpents qui délimitent en profondeur les terres de « Jean et Mathieu Huard, Jean Carrier[32], Pierre Drapeau et de la veuve de feu Étienne Huard » (Thérèse Dolbec), où il mesure en largeur « quatre arpents pour ladite veuve Huard, quatre arpents pour Mathieu Huard ».

Le 27 octobre 1757, devant Claude Barolet, Mathieu Huard dit Désilets, devenu veuf et âgé de quatre-vingt-cinq ans, fait don à ses cinq enfants de tous les « biens meubles et immeubles de sa communauté avec ladite feu Jourdain sa femme, leur mère » en leur confiant la responsabilité de se les partager.

Le 27 avril 1758, devant Jean-Claude Panet, Marie-Anne Huard vend sa part à sa sœur Geneviève.

Le 22 février 1762, devant Jean-Claude Panet, Geneviève Huard cède ses deux parts, par échange, à Louis Quentin.

Le 24 juin 1764, devant Claude Louet, Suzanne Lemieux, veuve de Joseph Huard, avec l'accord de ses enfants, vend à Louis Quentin « huit perches de terre […] bornées d'un côté au nord-est à Pierre Drapeau, d'autre côté au sud-ouest, audit acquéreur ».

Enfin, le 2 mai 1765[33], devant Claude Louet, Marie-Joseph Huard et son mari, Pierre Drapeau, vendent à Louis Quentin « huit perches six pieds de terre de front sur quarante arpents de profondeur et une continuation en profondeur de dix arpents […] bornées au nord-est et au sud-ouest audit acquéreur […] et par derrière aux terres de la veuve [de Joseph Huard dit] Désilets ».

Louis Quentin obtient ainsi au total quatre des cinq parts de la terre, soit trois arpents et deux perches qui avoisinent, du côté sud-ouest, les deux arpents qu'il a achetés parallèlement des héritiers de Jacques Huard (voir CONCESSION 6). Seule Catherine Huard conserve, du côté nord-est, sa part d'héritage, soit huit perches.

Selon les papiers-terriers rédigés par Jean-Antoine Saillant en 1765, Louis Quentin possède trois arpents deux perches du côté sud-ouest, et Catherine Huard, huit perches du côté nord-est, de l'ancienne terre de quatre arpents de Mathieu Huard dit Désilets.

---

[31] Dans toute la famille Huard de Lauzon, seuls Mathieu Huard, son fils Joseph et leurs filles respectives porteront le surnom de Désilets.
[32] Variantes recensées au cours de ce travail : Carié, Carier, Carrié, Charrier.
[33] Et non pas le 21, comme on pourrait le penser en lisant le contrat trop rapidement.

**De gauche à droite : la rivière Etchemin, la rivière à la Scie,
le ruisseau de la terre à Chapais
(partiellement canalisé en aval, entre le fleuve et la rue Jalbert)
et le ruisseau Rouge (autrefois Amiot).[34]**

---

[34] Tiré du Plan hydrographique de la ville de Lévis, 2016.

CONCESSION 8 – JEAN HUARD

Terre de 5 arpents

À partir d'ici, les documents originaux de concession sont rares, de sorte que les ouvrages de Marcel Trudel et de Léon Roy se sont avérés particulièrement indispensables.

La succession des premiers propriétaires de ce lot, par exemple, est un peu moins claire qu'ailleurs.

D'après Marcel Trudel (1674)[35], il y avait en aval des Ursulines une terre de *trois arpents* qui était occupée en juillet 1666 par un Durand ou un Carrier, mais on ne trouve aucune autre référence à ces deux colons à cet endroit.

Par contre, le 19 mai 1667, devant le notaire Pierre Duquet, Sébastien Prouvereau vend à Jean Huard[36] « une concession sise à la côte de Lauzon laquelle appartenait ci-devant audit Prouvereau par acte d'adjudication passé pardevant ledit notaire en date du [laissé en blanc dans le contrat] mil six cent soixante-sept ».

D'une part, l'acte d'adjudication, dont on n'a pas la date, semble avoir disparu, de manière qu'on ne sait pas de qui Prouvereau a obtenu cette terre. D'autre part, on ne précise pas la largeur de la terre, ni le nom des voisins, de sorte que le contrat du 19 mai 1667, à lui seul, ne permet pas d'affirmer qu'il s'agit bien de la terre de cinq arpents correspondant à la CONCESSION 8.

Toutefois, le 20 novembre 1667, devant Gilles Rageot, Jean Huard loue pour trois ans à Antoine Dupré, celui qui deviendra en 1669 son voisin en amont, une terre « joignant d'un côté les Religieuses Ursulines et d'autre côté Noël Penaut ». Il faut préciser ici qu'il y avait en 1667 une terre non concédée entre celles de Jean Huard et de Noël Penaut, mais on n'en fait pas mention dans le contrat, puisqu'elle n'est pas occupée. À noter par ailleurs que le contrat du 20 novembre 1667 ne donne pas non plus la largeur de la terre.

Le 18 août 1669, devant Gilles Rageot, Claude de Bermen, sieur de la Martinière, concède à Henri Brault, sieur de Pomainville, une terre « joignant à Jean Huard et à Noël Penaut ». Il s'agit de la terre inoccupée à laquelle on vient de faire référence. Ce document de concession, aujourd'hui disparu, est mentionné dans l'inventaire dressé le 4 août 1692 par le notaire François Genaple après le décès de l'épouse d'Henri Brault.

Le 25 novembre 1672, devant Gilles Rageot, Jean Huard reconnaît devoir des arrérages « pour lesdites deux années dernières », mais on ne précise ni l'emplacement ni la largeur de la terre.

---

[35] Trudel, Marcel. *Le terrier du Saint-Laurent en 1674*, op. cit., p. 762.
[36] Variantes recensées au cours de ce travail : Huar, Huart, Huhard, Uar, Uhar.

Carte de Québec et de la côte de Lauzon, orientée vers le sud.

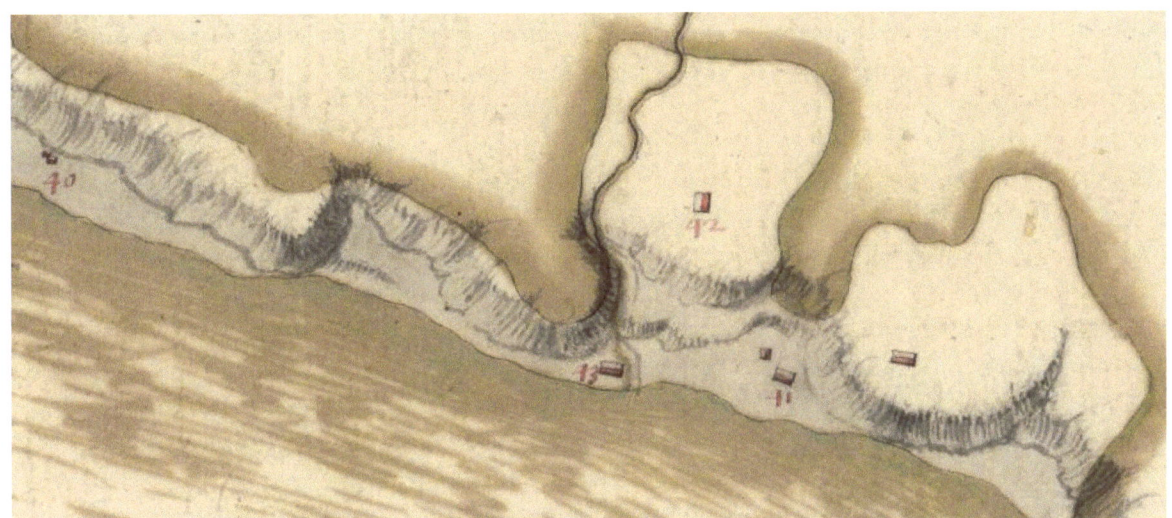

Encadré de la page précédente montrant la cabane de Jean Huard.[37]

40 cabanne à françois mainuille.
41 à Jean huart.
42 grange aud. huart.

---

[37] Portion du futur quartier Saint-Laurent, à Lévis, montrant la « cabanne » de Jean Huard. BnF Gallica, *Carte des Environs de Quebec en La Nouvelle France Mezuré très exactement en 1685-86 par le S' de Villeneuve, Ingénieur du Roy*,
http://gallica.bnf.fr/ark:12148/btv1b59689108/f1.item.r=robert%20de%20villeneuve.zoom.

Le 23 octobre 1673, devant Pierre Duquet, Claude de Bermen, sieur de la Martinière, concède à Jean Huard « la quantité de cinq arpents de terre de front […] joignant d'un côté aux Révérendes Mères Ursulines de Québec et d'autre côté à Henri Brault, sieur de Pomainville […] et en ce faisant, ledit Huard a déclaré y avoir environ cinq à six ans qu'il jouit de ladite concession sans en avoir aucun titre qu'une quittance des rentes de l'an dernier ». Et pour la première fois, nous avons confirmation de la largeur de cette terre, soit cinq arpents.

Ici, plusieurs commentaires s'imposent. Dans le greffe de Pierre Duquet, on trouve effectivement mention de cette concession, mais l'acte est indiqué comme manquant dans l'*Inventaire des greffes des notaires du régime français*[38] et de fait, on n'en trouve pas l'*original* à Québec. Toutefois, son existence nous est confirmée dans le premier inventaire qui a été fait des biens de feu Jean Huard, les 8 et 9 juillet 1718, devant Étienne Dubreuil, car on y fait mention d'un « contrat de concession d'une terre de cinq arpents de front […] par feu Monsieur de la Martinière, vivant conseiller au Conseil supérieur, passé devant feu Duquet notaire le 23 octobre 1673 ».

D'ailleurs, Joseph-Edmond Roy a eu accès à ce document avant sa disparition, car il écrit que Jean Huard se fait concéder une terre de « cinq arpents joignant d'un côté aux Ursulines et de l'autre à Henri Brault, sieur de Pomainville. Cet acte est au greffe de Pierre Duquet. Huard y déclare qu'il jouit de sa concession depuis cinq ou six ans. »[39] Cette affirmation de Jean Huard est encore confirmée par une déclaration faite par Henri Brault dans l'inventaire après décès de son épouse, lorsqu'il mentionne pour lui-même « un contrat de concession […] de trois arpents quatre perches deux pieds de terre de front et quarante arpents en profondeur joignant à Jean Huard et à Noël Penaut […] passé devant Rageot notaire le 18 août 1669 »[40].

En outre, on trouvera une autre mention du contrat initial de concession à Jean Huard dans l'inventaire dressé en 1754 après le décès de son fils Étienne, qui fait état « du contrat de concession de la susdite terre portant cinq arpents […] audit défunt Jean Huard ».

Enfin, et bien que ce ne soit pas une preuve en soi, on sait que Jean Huard se trouvait bel et bien chez le notaire Pierre Duquet le 23 octobre 1673 puisqu'il y agit comme témoin à la concession d'une terre à un nommé Jacques Hudde : il était sur place!

Mais cet acte de concession depuis longtemps disparu vient tout juste de réapparaître! Une semaine à peine avant de mettre sous presse, j'ai déniché copie de la pièce originale, qui se trouve à la Bibliothèque Houghton de l'Université Harvard, au Massachusetts[41]. Et elle-même en avait fait l'acquisition d'un libraire de Paris… Le document a voyagé!

---

[38] Roy, Pierre-Georges, et Antoine Roy, op. cit., vol. 2, p. 150.
[39] Roy, Joseph-Edmond. *Histoire de la seigneurie de Lauzon*, 5 volumes, Société d'histoire régionale de Lévis, Lévis, réédité en 1984, premier volume, p. 294.
[40] Inventaire des biens d'Henri Brault dit Pomainville et de défunte Claude de Chevrainville, notaire François Genaple, 4 août 1692.
[41] Bibliothèque et Archives nationales du Québec, cote ZE25, P32.

Le 26 mars 1697, l'arpenteur Hilaire Bernard de la Rivière tire « une ligne pour séparer l'habitation dudit Huard de celle du sieur Pomainville ».

Le 10 juillet 1698, devant Louis Chambalon, Jean Huard est cité comme voisin, en amont, d'une terre vendue par Georges Brault, fils d'Henri, à Jean Bourasseau fils.

Le 14 octobre 1701, devant Louis Chambalon, « Jean Huard, père dudit acquéreur » est cité comme voisin, en amont, d'une terre vendue par Jean Bourasseau fils à Jean-Baptiste Huard.

Le 1er avril 1702, devant Louis Chambalon, Jean Huard est cité comme voisin, en aval, d'une terre vendue par les héritiers Dupré à Joseph Riverin.

Le 17 juin 1702, devant Michel LePallieur, Jean Huard père et Anne-Marie Amiot sa femme vendent « à Mathieu Huard leur fils […] *un arpent de terre de front* […] borné d'un côté Jean Huard [fils] son frère, d'autre côté lesdits vendeurs […] ledit arpent de terre faisant partie de cinq arpents de terre sur lesquels ils sont demeurant et à eux appartenant par contrat de concession […] en date du vingt-trois octobre 1673 ». La terre de Jean Huard I n'aura donc plus à l'avenir que quatre arpents environ.

LOT 8 – A

Le 9 décembre 1702, devant Louis Chambalon, Jean Huard I est cité comme voisin, en aval, d'une terre vendue par Joseph Riverin à Jean de Saint-Lo.

Le 5 décembre 1708, sépulture de Jean Huard I, à Lauzon.

Sur la carte de Catalogne, en 1709, la portion ouest (quatre arpents) de la terre originale de Jean Huard I paraît sous le nom de « la veuve de J. Huard », soit Anne-Marie Amiot, entre le sieur Riverin en amont et Mathieu Huard *en aval*.

Le 29 octobre 1710, devant Louis Chambalon, « la veuve et héritiers de défunt Jean Huard, père dudit acquéreur », sont cités comme voisins, *en aval*, dans une vente de Joseph Riverin à Mathieu Huard et Marie-Jeanne Jourdain sa femme. Les héritiers Huard sont donc maintenant bornés des deux côtés par leur frère, Mathieu Huard.

Le 21 août 1711, devant Louis Chambalon, « la veuve et héritiers de défunt Jean Huard, père dudit acquéreur », sont cités comme voisins, en aval, dans une augmentation de terre accordée par les Religieuses Ursulines à Mathieu Huard.

Au cours de l'année 1716, Jacques Huard, le fils cadet de la famille, s'apprête à se marier et il est apparemment convenu que c'est Étienne qui conservera la terre paternelle.

CONCESSION 8
(5 arpents)

1673	Jean Huard et Anne-Marie Amiot				
1702	Jean Huard et Anne-Marie Amiot (4 arpents)				Mathieu Huard (1 arpent)
1708-1716	12 héritiers Huard (30 pieds chacun)		Anne-Marie Amiot (2 arpents)		Mathieu Huard (1 arpent)
1716-1719	Mathieu 30 pi.	Étienne Huard et Thérèse Dolbec	Marg. 30 pi.	Étienne Huard et Thérèse Dolbec	Mathieu Huard (1 arpent)
1745					Marie-Joseph Huard et Pierre Drapeau (1 arpent)
1747		Thérèse Dolbec et ses enfants		Thérèse Dolbec et ses enfants	
1751			Étienne fils et Louis-Joseph		Marie-Joseph Huard et Pierre Drapeau
1760		Héritiers Huard-Dolbec		Héritiers Huard-Dolbec	
1765	Mathieu 30 pi.	Louis-Joseph (1,7 arpent) et autres héritiers (2,2 arpents)			Marie-Joseph Huard et Pierre Drapeau

Le 23 octobre 1716, devant Étienne Dubreuil, Jeanne-Marie Huard, épouse de Joseph Couture, vend à son frère Étienne tous les biens immeubles « échus à ladite Jeanne-Marie Huard par le décès de défunt Jean Huard son père et de tous ceux qui lui pourront échoir par la succession future de Marie-Anne Amiot sa mère aussi à ce présente, qui a agréé ladite vente ».

Le même jour, 23 octobre 1716, devant Étienne Dubreuil, Marguerite Huard, veuve de Jean-Baptiste Grenet, vend à son frère Étienne toutes et chacune des « parts et portions à elle échues par le décès de feu Jean Huard son père et de [toutes celles] qui lui pourront échoir par la succession future de Marie-Anne Amiot sa mère aussi à ce présente, qui a agréé ladite vente ».

Le 30 octobre 1716, devant Étienne Dubreuil, Marguerite Huard et son frère Étienne résilient le contrat de vente du 23 octobre précédent, voulant « qu'il demeure dès à présent nul et résolu et comme non fait ».

Le même jour, 30 octobre 1716, devant Étienne Dubreuil, Jean et Jacques Huard vendent à leur frère Étienne les biens immeubles « à eux échus par le décès de feu Jean Huard leur père et [...] ceux qui leur pourront échoir par la succession future de Marie-Anne Amiot leur mère » .

Le 6 novembre 1716, devant Étienne Dubreuil, Marie Huard, veuve de Charles Couture, vend à son frère Étienne « les parts et prétentions à elle échues et qu'il lui pourrait appartenir et compéter en la succession de défunt Jean Huard son père ». Assez curieusement, il n'est pas question ici de la succession future de leur mère.

Le 17 juin 1718, devant Étienne Dubreuil, Geneviève Huard l'aînée, épouse de Louis Levasseur, vend à son frère Étienne « chacune des parts et parties qui peuvent appartenir et compéter à [la venderesse] de la succession de défunt Jean Huard son père et [...] en la succession future de Marie-Anne Amiot sa mère ».

Le même jour, 17 juin 1718, toujours devant Étienne Dubreuil, Marie Huard corrige l'oubli du 6 novembre 1716 et vend à son frère Étienne « les droits successifs qui lui pourront appartenir et compéter dans la succession future de Marie-Anne Amiot ».

Les 8 et 9 juillet 1718, le notaire Étienne Dubreuil dresse l'inventaire des biens de la communauté de Jean Huard et d'Anne-Marie Amiot. Cette liste mentionne entre autres une terre « contenant quatre arpents [...] joignant des deux côtés au nommé Désilets », c'est-à-dire leur fils Mathieu. Toutefois, un second inventaire sera fait une semaine plus tard.

Les 19 et 20 juillet 1718, devant Étienne Dubreuil, il y a reprise totale de l'inventaire et du partage des biens de Jean Huard et d'Anne-Marie Amiot. Il en suit que « les deux arpents du côté du nord-est avec les bâtiments qui se trouvent dessus sont demeurés à ladite veuve pour sa part et les deux autres arpents du côté du sud-ouest seront partagés en douze parties égales », soit trente pieds chacune (0,16 arpent). Les douze lots sont tirés le jour même et se répartissent comme suit, d'amont en aval :

- lot 1 :   Joseph Couture (époux de Jeanne-Marie)
- lot 2 :   Louis Levasseur (époux de Geneviève l'aînée)
- lot 3 :   Étienne Huard
- lot 4 :   Mathieu Huard
- lot 5 :   Geneviève Huard la cadette (future épouse de Pierre Dussault)
- lot 6 :   Pierre Renaud (en fait, Pierre Naud, époux de Marguerite)
- lot 7 :   la veuve Jacques Couture (sans doute *Charles*: Marie)
- lot 8 :   Ignace Noël (époux de Marie-Anne)
- lot 9 :   Jacques Huard
- lot 10 : Pierre Girard (veuf d'Angélique-Catherine)
- lot 11 : Eustache Couture (époux de Françoise)
- lot 12 : Jean Huard (voisin de sa mère, Anne-Marie)

Le même jour, 20 juillet 1718, devant Étienne Dubreuil, Mathieu Huard échange sa part, soit trente pieds, avec sa sœur Jeanne-Marie. Le lot qu'il obtient ainsi est contigu à sa propre terre de quatre arpents dans le fief des Ursulines.

Le 18 novembre 1718, devant Florent de la Cetière, Françoise Huard, épouse d'Eustache Couture, vend à son frère Étienne Huard « environ trente pieds de terre de front […] à elle échus par la succession de défunt le sieur Jean Huard […] le total de ladite habitation […] joignant au sud-ouest les terres des Dames Religieuses Ursulines de cette ville et du côté du nord-est à la terre de Mathieu Huard dit Désilets ».

Le 19 octobre 1719, devant Étienne Dubreuil, Pierre Girard, veuf d'Angélique Huard et tuteur de leurs enfants, vend à Étienne Huard « la part et portion qui appartient auxdits mineurs de leur propre et héritage de ladite défunte leur mère ».

Le seul lot dont je n'ai pas trouvé de trace est celui de Geneviève la cadette, épouse de Pierre Dussault dit Lafleur. Geneviève a sans doute vendu son lot à son frère Étienne. Chose certaine, ce lot n'apparaît pas distinctement de ceux d'Étienne dans l'inventaire après décès de ce dernier en 1754 (voir ci-après).

Le 22 octobre 1719, devant Étienne Dubreuil, Anne-Marie Amiot fait don à son fils Étienne, qui va épouser Marie-Thérèse Dolbec, de tous ses biens immeubles « s'en réservant l'usufruit sa vie durant, pour lesdits biens entrer en ladite future communauté » de son fils. En réalité, Étienne a déjà acheté de la majorité de ses frères et sœurs leurs parts de l'héritage maternel.

Dans l'aveu de 1723, la veuve Jean Huard est dite propriétaire de cinq arpents, ce qui est inexact puisque Mathieu Huard possède le dernier des cinq arpents à l'est depuis 1702 et que les deux derniers arpents à l'ouest ont été partagés entre les douze enfants. La « veuve Jean Huard » ne possède donc plus que deux arpents, au centre, qu'elle a par ailleurs offerts en cadeau de mariage à son fils Étienne.

Le 16 décembre 1737, sépulture d'Anne-Marie Amiot, à Saint-Joseph de Lévis. La terre passe donc officiellement à son fils Étienne.

Dans le procès-verbal de Jean Eustache Lanoullier de Boisclerc, dressé en 1738, c'est Étienne Huard, troisième des quatre fils du couple, qui est donné comme propriétaire de la terre, entre Mathieu Huard et Jean Huard « père », soit son frère Jean-Baptiste, devenu père à son tour.

Le 21 octobre 1745, devant Jacques-Nicolas Pinguet, Étienne Huard est cité comme voisin, en amont, d'une terre que Mathieu Huard donne à sa fille Marie-Joseph et à son futur gendre, Pierre Drapeau.

Le 8 août 1747, décès d'Étienne Huard, à Saint-Joseph de Lévis.

Le 7 décembre 1750, l'arpenteur Ignace Plamondon trace la ligne des quarante arpents qui délimitent en profondeur les terres de « Jean et Mathieu Huard, Jean Carrier, Pierre Drapeau et de la veuve de feu Étienne Huard » (Thérèse Dolbec), où il mesure en largeur « quatre arpents pour ladite veuve Huard, quatre arpents pour Mathieu Huard ». L'arpenteur ignore certainement que Mathieu et Marguerite ont conservé leurs parts d'héritage, soit chacun trente pieds, faisant ensemble un tiers d'arpent.

Le 28 juin 1751, devant Jean-Claude Panet, Marguerite Huard et son second mari, Pierre Naud dit Labrie, vendent à Étienne et Louis-Joseph Huard, deux des fils de feu Étienne, « tous les droits mobiliers et immobiliers qui peuvent appartenir à ladite cédante de la succession échue de feu Jean Huard et de Marie-Anne Amiot ses père et mère […] dans une terre de trois arpents de front […] bornée au nord-est à Pierre Drapeau, d'autre au sud-ouest à Mathieu Huard ». La terre en question mesure en fait trois arpents et demi.

Le 30 juillet 1754, le notaire Simon Sanguinet père fait l'inventaire des biens d'Étienne Huard, et Thérèse Dolbec déclare alors posséder « une terre et concession de trois arpents cinq perches […] faisant partie d'une concession de cinq arpents de front […] sur laquelle a été détaché un arpent de front possédé présentement par Pierre Drapeau, comme étant aux droits de Mathieu Huard son beau-père, trente pieds aussi appartenant audit sieur Mathieu Huard étant du côté sud-ouest, trente pieds de front […] étant des propres dudit défunt sieur Étienne Huard […] et autres trente pieds de front auxdits Étienne Huard et Louis-Joseph Huard frères, comme les ayant acquis de Pierre Naud et Marguerite Huard leur oncle et tante ».

Le 20 janvier 1760, sépulture de Thérèse Dolbec, à Saint-Joseph de Lévis. Il y aura partage des biens entre les neuf héritiers du couple.

Le 7 juillet 1762, devant François-Emmanuel Moreau, Marie-Anne Huard et Louis Feuilleteau vendent à Louis-Joseph Huard « tous les droits que peut prétendre ladite Marie-Anne Huard […] tant meubles qu'immeubles ».

Le 7 janvier 1763, devant François-Emmanuel Moreau, Catherine Huard vend « au sieur Louis-Joseph Huard son frère […] tous droits qu'elle peut prétendre sur les meubles et immeubles des successions de feu Étienne Huard et Marie-Thérèse Dolbec […] et ce seulement pour les biens […] situés audit lieu de la pointe de Lévy et non les biens situés ailleurs ».

Le 11 juillet 1765, devant François-Emmanuel Moreau, Augustin Huard vend à Louis-Joseph Huard son frère « les droits et prétentions qu'il peut espérer dans les successions de défunts Étienne Huard et Thérèse Dolbec ses père et mère […] en tous lesdits biens tant en meubles qu'immeubles provenant desdites successions [et] scitués en ladite paroisse de la Pointe de Lévy ».

Selon les papiers-terriers rédigés par Jean-Antoine Saillant en 1765, la terre de quatre arpents est répartie de la façon suivante entre les héritiers Huard :

- Louis-Joseph possède un arpent sept perches quatorze pieds, soit sa part, plus celles qu'il a acquises d'Augustin, Marie-Anne et Catherine, ses frère et sœurs.
- Louis-Joseph jouit de deux arpents deux perches quatre pieds appartenant à ses autres sœurs.

LOT – 8 B

Sur la carte de Catalogne, en 1709, la portion est de la terre originale de Jean Huard paraît sous le nom de « Math. Huard », entre celle de la veuve de Jean Huard et celle de Jean Huard fils.

Dans l'aveu de 1723, cette terre de Mathieu Huard n'apparaît pas du tout. Elle est comprise dans celle de sa mère, la veuve Jean Huard.

Il en est de même dans le procès-verbal de Jean Eustache Lanoullier de Boisclerc, en 1738, alors que l'arpenteur omet Mathieu et passe directement de la terre d'Étienne Huard à celle de Jean Huard, soit leur frère Jean-Baptiste. À noter que ce Jean est maintenant qualifié de « père ».

Le 21 octobre 1745, Mathieu Huard et Marie-Jeanne Jourdain donnent à leur fille Marie-Joseph, qui va bientôt épouser Pierre Drapeau, « *un arpent quatre perches* de terre de front […] borné d'un côté au nord-est à Jean Huard, d'autre côté au sud-ouest à Étienne Huard ». Nous apprenons ici que la terre est passée d'un arpent à un arpent quatre perches. C'est que Mathieu a acquis en 1702 quatre perches, en aval, de son frère Jean-Baptiste (voir CONCESSION 9).

Le 12 octobre 1746, l'arpenteur Ignace Plamondon trace, à la requête de Jean-Baptiste Huard et de Pierre Drapeau, une ligne « séparant au sud-ouest la terre dudit Jean-Baptiste Huard d'une terre *d'un arpent quatre perches* de front appartenant audit Pierre Drapeau ».

Le 7 décembre 1750, l'arpenteur Ignace Plamondon trace la ligne des quarante arpents qui délimitent en profondeur les terres de « Jean et Mathieu Huard, Jean Carrier, Pierre Drapeau et de la veuve de feu Étienne Huard », où il mesure en largeur « *un arpent quatre perches* pour ledit Drapeau ».

Selon les papiers-terriers rédigés par Jean-Antoine Saillant en 1765, la terre d'un arpent quatre perches appartient toujours à Pierre Drapeau et Marie-Joseph Huard. Elle se compose d'un arpent provenant de Jean Huard I et de quatre perches provenant de Jean-Baptiste Huard II (voir CONCESSION 9).

**Photo aérienne de la concession de Jean Huard,
Google Earth, 2016.**

LES VOISINS AU FIL DU TEMPS

ANNÉE	CONCESSION 8	CONCESSION 9	CONCESSION 10
1663			Noël Penaut le Picard
1666	Durand / Carrier		
1667	Sébastien Prouvereau, puis Jean Huard, puis loc. à Antoine Dupré		
1669		Henri Brault dit Pomainville	
1670			Noël Penaut le Picard / Louis Marchand I
1673			François Marchand
1698		Jean Bourasseau II	
1701		Jean-Baptiste Huard II	Hér. François Marchand
1702	Jean Huard / Mathieu Huard	Mathieu Huard / Jean-Baptiste Huard II	
1708	Héritiers Jean Huard / Mathieu Huard		Louis Marchand / Jacques Marchand
1709			Louis Marchand / Jean de Saint-Lo
1715			Louis Marchand / Charles Marchand (fils de Charles)
1717			Louis Marchand / Charles Marchand (fils de François)
1718	Étienne Huard / Mathieu Huard		
1740		Mathieu Huard / J.-B. Huard II / Jos. Huard	
1745	Étienne Huard / Pierre Drapeau	Pierre Drapeau / J.B. Huard II / Joseph Huard	
1747	Hér. Étienne Huard / Pierre Drapeau		
1748			Louis Marchand / Jean-Baptiste Foucher
1749			Héritiers Louis Marchand / Jean Dussault
1750			Hér. Louis Marchand / Hér. Jean Dussault
1751		Pierre Drapeau / Hér. J.B. Huard II / Joseph Huard	
1752			Pierre Bourassa père / Hér. Jean Dussault
1754		Pierre Drapeau / J.-B. Huard III / Josesph Huard	
1763			Pierre Bourassa fils / Hér. Jean Dussault

CONCESSION 9 – HENRI BRAULT DIT POMAINVILLE

Terre de 3 arpents et 4 perches

D'après Marcel Trudel (1663)[42], Henri Brault dit Pomainville[43] occupe « cette terre de trois arpents » depuis au moins 1661. Il la situe « en amont de la terre de [Jean-Baptiste Couillard de] Lespinay », en ajoutant « mais ils ne sont pas voisins ».

Ce que Trudel semble ignorer, puisqu'il ne le mentionne pas, c'est qu'Henri Brault a possédé deux terres, séparées seulement par un unique voisin, Noël Penaut. Dans son ouvrage, Trudel fait donc allusion à la première terre de Brault, mais il la situe ici, à l'emplacement de la seconde, alors que dans les faits, la première terre de Brault est effectivement contiguë à celle de Couillard de Lespinay (voir CONCESSION 11).

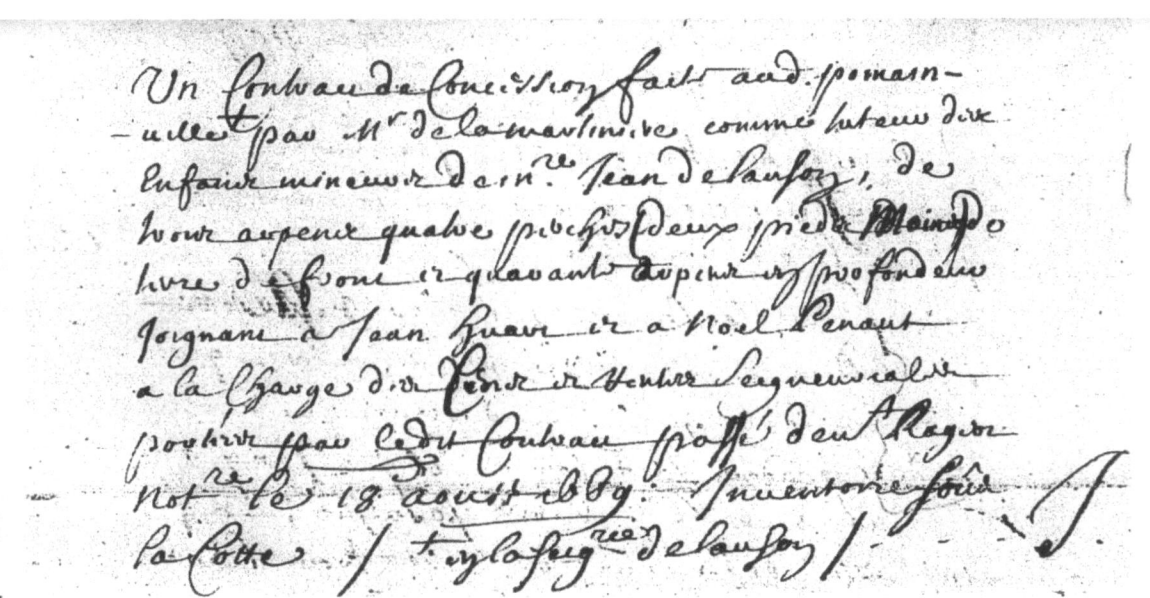

Tiré de l'inventaire du 4 août 1692.

On ne sait pas quand Henri Brault a entrepris de défricher la présente terre, mais c'est le 18 août 1669, devant Gilles Rageot, que Claude de Bermen, sieur de la Martinière, la lui concède. Ce document semble toutefois avoir disparu, sauf qu'il est mentionné dans l'inventaire après décès de l'épouse de Brault, rédigé par François Genaple le 4 août 1692. Ceci dit, le libellé du notaire a de quoi attirer l'attention, car on y lit que la concession compte « trois arpents quatre perches (deux pieds moins) de terre de front et quarante arpents en profondeur joignant à Jean Huard et à Noël Penaut ». La parenthèse est très rarement utilisée dans les contrats de l'époque et le mot « moins » a été écrit *par-dessus* un autre. Clairement, le notaire a voulu corriger une erreur sans tout réécrire : la terre a dans les faits trois arpents quatre perches *moins* deux pieds. D'ailleurs, ce

---

[42] Trudel, Marcel. *Le terrier du Saint-Laurent en 1663*, Éditions de l'université d'Ottawa, 1973, p. 491.
[43] Variantes recensées au cours de ce travail : Brau, Breault, Brou, Pominville, Pommainville.

renseignement sera confirmé plus loin et c'est cette étendue de *quatre perches moins deux pieds* qui nous permettra plus tard de distinguer cette terre de l'autre concession d'Henri Brault, qui contiendra tout juste trois arpents (voir CONCESSION 11).

Le 1er juin 1671, devant Gilles Rageot, Henri Brault est cité comme voisin « des deux côtés » de Noël Penaut.

Le 8 juillet 1684, devant Pierre Duquet, Henri Brault et François Marchand, donataire de Noël Penaut, s'entendent, « les terres des parties étant voisines », pour partager « jusqu'à la fin de la navigation prochaine » les frais et les revenus de la pêche devant leurs propriétés.

Le 4 août 1692, le notaire François Genaple fait l'inventaire des biens de la communauté d'Henri Brault et de la défunte Claude de Chevrainville. Il mentionne notamment « un contrat de concession fait audit Pomainville par Monsieur de la Martinière […] de *trois arpents quatre perches moins deux pieds* de terre de front et quarante arpents en profondeur joignant à Jean Huard et à Noël Penaut […] passé devant Rageot notaire le 18 août 1669 ».

Le 26 mars 1697, l'arpenteur Bernard Hilaire de la Rivière « tire une ligne pour séparer » les terres d'Henri Brault et de Jean Huard.

Le 3 février 1698, décès d'Henri Brault, à Québec.

Le 10 juillet 1698, devant Louis Chambalon, Georges Brault, fils d'Henri, vend à Jean Bourasseau fils une terre et habitation « contenant *trois arpents quatre perches moins deux pieds de front* […] joignant d'un côté à l'habitation de François Marchand, d'autre côté à celle de Jean Huard [père] ».

Le 14 octobre 1701, devant Louis Chambalon, Jean Bourasseau fils vend à Jean-Baptiste Huard une terre et habitation « contenant *trois arpents quatre perches moins deux pieds de large* […] joignant d'un côté à l'habitation de François Marchand, d'autre côté à l'habitation de Jean Huard, père dudit acquéreur ».

Le 17 juin 1702, devant Michel LePallieur, Jean Huard fils est cité dans l'inventaire après décès de François Marchand comme étant son voisin au sud-ouest.

Puis, la concession est divisée en deux parties.

LOT 9 – A

Le 5 décembre 1702, devant François Rageot de Beaurivage, Jean-Baptiste Huard vend à son frère Mathieu Huard « quatre perches de terre de front […] à prendre et détacher de trois arpents quatre perches de terre du côté sud-ouest, joignant d'un côté l'habitation dudit acquéreur, d'autre côté les trois arpents de terre restants qui appartiennent audit vendeur » (voir CONCESSION 8).

Le 21 octobre 1745, Mathieu Huard et Marie-Jeanne Jourdain donnent à leur fille Marie-Joseph, qui va bientôt épouser Pierre Drapeau, « *un arpent quatre perches* de terre de front [...] borné d'un côté au nord-est à Jean Huard, d'autre côté au sud-ouest à Étienne Huard ». Nous voyons ici que la donation inclut les quatre perches achetées de Jean-Baptiste.

Le 12 octobre 1746, l'arpenteur Ignace Plamondon trace, à la requête de Jean-Baptiste Huard et de Pierre Drapeau, une ligne « séparant au sud-ouest la terre dudit Jean-Baptiste Huard d'une terre *d'un arpent quatre perches* de front appartenant audit Pierre Drapeau ».

Le 7 décembre 1750, l'arpenteur Ignace Plamondon trace la ligne des quarante arpents qui délimitent en profondeur les terres de « Jean et Mathieu Huard, Jean Carrier, Pierre Drapeau et de la veuve de feu Étienne Huard », où il mesure en largeur « *un arpent quatre perches* pour ledit Drapeau ».

Selon les papiers-terriers rédigés par Jean-Antoine Saillant en 1765, la terre d'un arpent quatre perches appartient toujours à Pierre Drapeau et Marie-Joseph Huard. Elle se compose d'un arpent provenant de Jean Huard I et de quatre perches provenant de Jean-Baptiste Huard II.

LOT – 9 B

Le 6 octobre 1708, devant Louis Chambalon, Jean Huard fils est cité dans un contrat comme se trouvant au sud-ouest des héritiers Marchand.

Sur la carte de Catalogne, en 1709, la terre paraît sous le nom de Jean Huard, entre celles de Mathieu Huard et de Louis Marchand.

Dans l'aveu de 1723, Jean Huard est donné comme propriétaire d'une terre de trois arpents, et non plus de trois arpents *quatre perches*, comme on a pu le voir ci-dessus. Par ailleurs, on a oublié de mentionner Mathieu, en amont, tandis qu'en aval, on a omis la première terre de Louis Marchand et celle des héritiers Dussault.

Dans le procès-verbal de Jean Eustache Lanoullier de Boisclerc, dressé en 1738, Jean Huard, devenu *père* à son tour, est situé entre son frère Étienne Huard (on a encore omis Mathieu Huard) et Louis Marchand.

Le 30 juillet 1740, devant Claude Louet, Jean Huard père et Angélique Jourdain sa femme donnent à leur fils Joseph Huard « la juste moitié d'un arpent et demi de front à prendre en la totalité d'une terre de trois arpents de front [...] tenant d'un côté au nord-est à *François* Marchand et d'autre au sud-ouest à Mathieu Huard dit Désilets ».

CONCESSION 9
(3 arpents et 4 perches)

1669	Henri Brault dit Pomainville	1669
1698	Jean Bourasseau fils	1698
1701	Jean-Baptiste Huard fils	1701
1702	Jean-Baptiste Huard fils (3 arpents)	1702
1740	Jean-Baptiste Huard et Angélique Jourdain (1,5 arpent) / Mathieu Huard (4 perches)	1740
1745	Marie-Joseph Huard et Pierre Drapeau / Joseph Huard (1,5 arpent)	
1751	9 héritiers Huard / Joseph Huard (1,5 arpent)	1751
1752 etc.	Jean-Baptiste Huard III	
1765	Jean-Baptiste Huard III (1,5 arpent) / Pierre Drapeau (4 perches) / Joseph Huard (1,5 arpent)	1765

La formulation retenue par le notaire est un peu malheureuse et peut créer de la confusion. Il aurait fallu écrire : « … donnent à leur fils Joseph Huard un arpent et demi de front, soit la juste moitié d'une terre de trois arpents de front… ». Dans le même contrat, Jean père et Angélique accordent aussi à leur fils Joseph, mais uniquement jusqu'à leur décès, la jouissance de l'autre moitié. On notera ici que François Marchand est décédé depuis environ quarante ans. Le voisin du côté nord-est est le fils de François, Louis Marchand.

Le 10 octobre 1746, « à la requête de Jean-Baptiste Huard et Louis Marchand », l'arpenteur Ignace Plamondon tire une ligne pour séparer leurs terres. Il semble importer assez peu, ici, que la moitié nord-est de la terre de Jean-Baptiste, qui avoisine celle de Louis Marchand, ait été donnée à son fils Joseph en 1740. Le père s'en occupe.

Le 15 juin 1747, le grand voyer Jean Eustache Lanoullier de Boisclerc trace le futur chemin de descente des habitants de Saint-Henri le long de la rivière Etchemin et détermine que « de l'avis et consentement des susnommés […] les nommés Jean Huard et Louis Marchand fourniront dans leurs lignes mitoyennes chacun douze pieds de terrain ». En réalité, la ligne sera tracée entre l'arpent et demi donné à Joseph Huard en 1740, et la terre de son voisin, Louis Marchand.

Le 7 décembre 1750, l'arpenteur Ignace Plamondon trace la ligne des quarante arpents qui délimitent en profondeur les terres de « Jean et Mathieu Huard, Jean Carrier, Pierre Drapeau et de la veuve de feu Étienne Huard », où il mesure en largeur « *trois arpents de terre de front* pour ledit Jean Huard ». Ici encore, on fait référence à Jean-Baptiste Huard père.

Le 4 novembre 1751, sépulture de Jean-Baptiste Huard, quelques mois après son épouse, Angélique Jourdain, le 10 mars. Leurs neuf enfants vont se partager, entre autres, l'arpent et demi que leurs parents possédaient encore après avoir donné un arpent et demi à Joseph le 30 juillet 1740. Chacun héritera donc d'environ une perche treize pieds six pouces.

Le 28 février 1752, devant Christophe-Hilarion DuLaurent, Marie-Angélique, Marie-Geneviève et Marguerite Huard vendent à leur frère Jean-Baptiste Huard III et à Louise Marchand « cinq perches quatre pieds six pouces ou environ de terre de front sur quarante arpents de profondeur […] ce qui fait pour chacune d'elles une perche treize pieds six pouces ou environ de front […] faisant partie d'une terre *de trois arpents de front* […] joignant […] par derrière à Joseph Huard, d'un côté au nord-est audit Joseph Huard et d'autre au sud-ouest au nommé Drapeau […] auxdits vendeurs appartenant comme héritiers chacune pour une […] neuvième partie ès dites successions de leurs dits père et mère ».

Le 11 avril 1752, devant Claude Louet, Marie-Louise et Marie-Françoise Huard vendent à leur tour à leur frère Jean-Baptiste Huard III « chacune une perche et demie ou environ », qui leur appartient pour l'avoir eue en héritage.

Jean-Baptiste Huard III possède alors, avec son propre lot, au moins six des neuf parts héritées de ses parents, mais je n'ai pas pu trouver trace des trois parts qui restent.

Selon les papiers-terriers rédigés par Jean-Antoine Saillant en 1765, Jean-Baptiste III est propriétaire de la moitié sud-ouest de la terre, soit un arpent et demi. Son frère Joseph est toujours propriétaire de la moitié nord-est de la terre, soit l'autre arpent et demi.

Il faut rappeler que les quatre perches manquantes par rapport à la concession originale font maintenant partie de la terre située en amont (voir LOT 9 – A).

CONCESSION 10 – NOËL PENAUT DIT LE PICARD

Terre de 3 arpents

Selon Marcel Trudel (1663)[44], Noël Penaut[45] dit le Picard occupe la terre après 1663, ce qui sera confirmé dans un acte de concession en 1671. Trudel lui donne cependant quatre ou cinq arpents de front, ce qui ne semble pas corroboré par la suite.

Le 18 août 1669, devant Gilles Rageot, Noël Penaut est cité comme voisin d'Henri Brault. Ce document semble toutefois avoir disparu, sauf qu'il est mentionné dans l'inventaire après décès de l'épouse de Brault, rédigé par François Genaple le 4 août 1692.

Le 22 septembre 1669, devant Pierre Duquet, Noël Penaut est encore cité comme voisin, cette fois en amont, d'Henri Brault. C'est qu'Henri Brault possède deux terres, de chaque côté de Noël Penaut.

Le 16 juillet 1670, devant Pierre Duquet, Noël Penaut donne la moitié de son habitation à Louis Marchand et Françoise Morineau sa femme pour qu'ils l'exploitent pour lui vu « sa grande vieillesse ». Toutefois, « se réserve ledit Penaut deux arpents de terre […] à prendre sur ladite habitation où bon lui semblera, lesquels il pourra faire défricher et abattre […] au moyen de quoi il sera loisible audit Marchand et à sa dite femme d'en prendre deux autres arpents et en faire le même. Et en outre, lesdits Marchand et sa femme se sont obligés d'abattre tous les ans sur ladite habitation deux arpents de bois pour l'augmenter ». Ce long passage traite de trois « lots » de deux arpents « à prendre sur ladite habitation », sans compter les autres « lots » de deux arpents de bois que les locataires devront défricher tous les ans. Il semble assez évident qu'on traite ici d'arpents *en superficie*, et non en front sur le fleuve, d'où, peut-être, l'incertitude qui existe, d'un auteur à l'autre, sur la largeur de la terre. En contrepartie, les Marchand s'engagent simplement à remettre à Penaut la moitié des récoltes et de la pêche.

Le 1er juin 1671, devant Gilles Rageot, Claude de Bermen, sieur de la Martinière, concède officiellement à Noël Penaut « trois arpents de terre de front le long du fleuve […] joignant des deux côtés Henri Brault […] sur laquelle concession ledit preneur est demeurant et en est en possession depuis six à sept ans », ce qui nous ramène à 1664 environ. De plus, la largeur de la concession est claire, soit trois arpents.

Le 18 octobre 1672, devant Romain Becquet, Noël Penaut et Louis Marchand modifient les clauses du contrat de donation daté du 16 juillet 1670, sans en changer la finalité.

---

[44] Trudel, Marcel. *Le terrier du Saint-Laurent en 1663*, op. cit., p. 492.
[45] Que ce soit en raison de la mauvaise écriture de certains notaires ou de la faible qualité des documents, beaucoup de chercheurs ont cru lire *Penant*, et même *Penon*, plutôt que *Penaut*. Le contrat signé François Genaple du 4 août 1692 permettra au lecteur de lire très clairement PENAUT (voir CONCESSION 9).

Le 30 juillet 1673, devant Gilles Rageot, Noël Penaut dit le Picard fait « donation pure, simple et irrévocable » à François Marchand, fils de Louis Marchand et de Françoise Morineau, « de tous et chacun ses biens meubles et immeubles […] spécialement une habitation de trois arpents de front […] joignant des deux côtés Henri Brault ». Il s'agit clairement ici de la terre dont Penaut avait cédé la moitié aux parents de François Marchand le 16 juillet 1670. Visiblement, il y a avait mésentente entre Penaut et les parents Marchand et ce nouveau contrat, remplaçant l'autre, vient remédier au problème. En contrepartie, François Marchand s'engage à « nourrir, gouverner, chauffer et entretenir » le vieillard, ce qui n'était pas prévu au contrat conclu avec les parents du jeune homme.

Le 8 août 1677, devant Gilles Rageot, François Marchand est cité comme voisin d'Henri Brault.

Le 31 octobre 1678, devant René-Louis Chartier de Lotbinière, lieutenant civil et général, Noël Penaut, qui veut retourner en France, « demande audit Marchand de vouloir lui donner la somme de quarante livres pour son passage et vingt francs pour disposer ainsi qu'il avisera », en échange de quoi Penaut affirme devant la prévôté que le « contrat de donation entre eux sortira son plein et entier effet sans qu'aucun des enfants et héritiers dudit Penaut puisse en aucune manière inquiéter ledit Marchand ». La donation est donc finale et définitive.

Le 8 juillet 1684, devant Pierre Duquet, François Marchand et Henri Brault s'entendent, « les terres des parties étant voisines », pour partager « jusqu'à la fin de la navigation prochaine » les frais et les revenus de la pêche devant leurs propriétés.

Le 10 juillet 1698, devant Louis Chambalon, François Marchand est cité comme voisin, en aval, d'une terre vendue par Georges Brault, fils d'Henri, à Jean Bourasseau fils.

Le 14 octobre 1701, devant Louis Chambalon, François Marchand est cité comme voisin, en aval, d'une terre vendue par Jean Bourasseau fils à Jean-Baptiste Huard.

Entre le 14 octobre 1701 (contrat Chambalon ci-dessus) et le 17 juin 1702 (inventaire de ses biens), décès de François Marchand.

Le 17 juin 1702, devant Michel LePallieur, Madeleine Groleau déclare dans l'inventaire des biens de sa communauté avec François Marchand qu'elle détient « une terre et habitation contenant trois arpents de front […] bornée d'un côté Jean Huard, d'autre côté Jean Dussault ». Évidemment, ses enfants sont héritiers de leur père pour la moitié de la concession.

Le 3 septembre 1702, devant Michel LePallieur, Madeleine Groleau signe avec Michel Mailloux un contrat de mariage dans lequel elle dit posséder « un arpent et demi de front […] faisant moitié de trois arpents de front […] provenant de la communauté » qui a été entre elle et François Marchand. Madeleine Groleau reconnaît ici que l'autre moitié appartient à ses enfants, mais rien n'indique que la terre ait été divisée à ce moment-là, d'autant plus que l'aîné de ses fils, à 24 ans, est encore mineur.

Le 5 septembre 1703, d'après René Jetté, décès de Madeleine Groleau, à l'Hôtel-Dieu de Québec. Toutefois, cette information est erronée. La défunte est en fait Marie-Madeleine Gobert, épouse de Pierre Groleau.

Madeleine Groleau, veuve de François Marchand, est décédée entre le 11 août 1705 (contrat de vente à Jacques Marchand, notaire Chambalon) et le 6 octobre 1708 (voir ci-après), mais je n'ai pas trouvé l'acte de partage des biens de sa communauté avec son premier mari. Il semble toutefois que Louis, Françoise et Marie-Anne Marchand aient hérité des trois lots du côté sud-ouest, tandis que Jean, Charles et Madeleine aient hérité des trois lots du côté nord-est.

LOT 10 – A

Le 6 octobre 1708, devant Louis Chambalon, Françoise et Marie-Anne Marchand vendent chacune un demi-arpent à leur frère Louis Marchand, ce qui fera à Louis Marchand, avec sa propre part, un total d'un arpent et demi, soit la moitié sud-ouest de la terre paternelle, qui contenait trois arpents « joignant du côté du sud-ouest à l'habitation de Jean Huard fils et du côté du nord-est à celle de Jean Dussault ».

Sur la carte de Catalogne, en 1709, cette terre paraît sous le nom de « lo. Marchand », c'est-à-dire Louis[46], entre celles de Jean Huard et de (Jean-François Dussault dit) Mortagne.

Dans l'aveu de 1723, cette terre n'est pas recensée.

Dans le procès-verbal de Jean Eustache Lanoullier de Boisclerc, dressé en 1738, on précise que le chemin du roi passera sur la terre de Louis Marchand, entre les terres de Jean Huard et de Jean Dussault. L'arpent et demi appartenant à Charles Marchand, entre Louis Marchand et Jean Dussault, n'est pas mentionné.

Le 15 juin 1747, le grand voyer Jean Eustache Lanoullier de Boisclerc trace le futur chemin de descente des habitants de Saint-Henri le long de la rivière Etchemin et détermine que « de l'avis et consentement des susnommés […] les nommés Jean Huard et Louis Marchand fourniront dans leurs lignes mitoyennes chacun douze pieds de terrain ». En réalité, la ligne sera tracée entre l'arpent et demi donné par Jean Huard à son fils Joseph en 1740, et la terre de Louis Marchand.

---

[46] Lorsque j'ai entrepris ce terrier, j'avais en main une *reproduction* de la carte de Catalogne, ce qui m'a causé de nombreux problèmes. Dans ce cas-ci, par exemple, je me demandais pourquoi Catalogne avait attribué la terre à « la Marchand ». C'est que, malheureusement, la reproduction contient de nombreuses erreurs de lecture. Ici, il fallait lire « lo. », et non pas « la ». C'est en obtenant copie exacte de l'original que j'ai pu corriger le tir et expliquer certains écarts occasionnés par la reproduction.

CONCESSION 10
(3 arpents)

Year	Owner	Year	Owner
1678	François Marchand et Madeleine Groleau	1678	François Marchand et Madeleine Groleau
1705	3 héritiers Marchand (1,5 arpent)	1705	3 héritiers Marchand (1,5 arpent)
1708	Louis Marchand III	1708	Jacques Marchand et Marguerite Gaudreau
		1709	Jean de Saint-Lo
		1715	Charles Marchand, fils de Charles
		1717	Charles Marchand, fils de François
		1748	Jean-Baptiste Foucher
1749	Héritiers de Louis Marchand III	1749	Jean Dussault et Angélique Huard
		1750	Angélique Huard et ses enfants
1752	Pierre Bourassa, père		
1765	Pierre Bourassa, fils (1,5 arpent)	1757	Héritiers de Jean Dussault et d'Angélique Huard
		1765	Héritiers de Jean Dussault et d'Angélique Huard (1,5 arpent)

Le 1er décembre 1749, sépulture de Louis Marchand, à Saint-Joseph de Lévis.

Le 3 juillet 1752, devant Louis Mercereau, curé de Saint-Joseph de la Pointe de Lévis, les héritiers de Louis Marchand vendent leur terre à Pierre Bourassa père[47]. Il semble toutefois que l'acte de vente soit disparu.

Selon le Dictionnaire Tanguay, Pierre Bourassa père est décédé avant 1763.

Selon les papiers-terriers rédigés par Jean-Antoine Saillant en 1765, c'est Pierre Bourassa fils qui est propriétaire de cette terre d'un arpent et demi.

LOT 10 – B

Le 6 octobre 1708, devant Louis Chambalon, Louis Marchand, au nom de Jean, Charles et Madeleine Marchand, ses frères et sœur, vend à leur oncle Jacques Marchand et son épouse, Marguerite Gaudreau, leurs trois parts d'héritage, soit au total « un arpent et demi de terre […] faisant la moitié d'une habitation […] contenant trois arpents de large […] joignant d'un côté du sud-ouest à l'habitation de Jean Huard fils et du côté du nord-est à celle de Jean Dussault […] échus auxdits Charles, Jean et Madeleine Marchand par succession par la mort de défunts François Marchand et Madeleine Groleau ». Il est en outre précisé que Jacques Marchand prendra son arpent et demi « du côté joignant à l'habitation de Jean Dussault ».

Le 16 décembre 1708, décès de Jacques Marchand, à Lauzon.

Sur la carte de Catalogne, en 1709, cette terre paraît en entier sous le nom de « Io. Marchand », c'est-à-dire Louis, entre celles de Jean Huard et de (Jean-François Dussault dit) Mortagne. Catalogne aura négligé de mentionner la veuve de Jacques Marchand, Marguerite Gaudreau, tante de Louis, qui y possède un arpent et demi.

Le 23 avril 1709, devant Louis Chambalon, Marguerite Gaudreau vend à Jean de Saint-Lo (qui, le jour même, a résilié son contrat avec Joseph Riverin, voir CONCESSION 7) un arpent et demi, « soit la moitié d'une terre et habitation contenant trois arpents […] joignant du côté du sud-ouest à l'habitation de Jean Huard fils et du côté du nord-est à celle de Jean Dussault ».

Le 30 octobre 1709, toujours devant Louis Chambalon, *Madeleine et Louis Marchand, celui-ci comme tuteur de son frère Jean*, « ont reconnu avoir eu et reçu de Jean de Saint-Lo, aussi habitant de la seigneurie de Lauzon, à l'acquit et décharge de défunt Jacques Marchand […] et de Marguerite Gaudreau sa veuve » la somme prévue au contrat de vente du 6 octobre 1708, soit un total de deux cents livres. On notera ici qu'on ne mentionne pas la part due à Charles Marchand.

---

[47] Bourget Robitaille, Gaétane, op. cit., p. 92.

Le 23 mai 1715, devant François Rageot de Beaurivage, Jean de Saint-Lo revend son arpent et demi à Charles Marchand, « habitant de ladite seigneurie de Lauzon », sans aucune autre précision. Lorsque j'ai lu ce contrat, j'ai cru qu'il s'agissait de Charles Marchand, fils de François Marchand, l'un des trois enfants mineurs qui avaient vendu leur portion de terre à leur oncle Jacques Marchand en 1708. Autrement dit, j'ai pensé qu'un des héritiers qui avaient vendu la terre à Jean de Saint-Lo avait maintenant décidé de la lui racheter. La preuve documentaire démontre toutefois qu'il s'agissait plutôt d'un autre Charles Marchand, fils de Charles Marchand et de Bonne Guerrier.

Puis, le 17 décembre 1717, devant Pierre Rivet Cavelier, « Charles Marchand habitant de la côte et seigneurie de Lauzon […] a vendu […] à Charles Marchand aussi habitant en ladite seigneurie […] un arpent et demi de front […] joignant d'un côté au nord-est à la terre de Jean Dussault, d'autre côté au sud-ouest à celle de Jean Huard fils ». Il n'y a pas de doute ici qu'il s'agit bien de la même terre, mais contrairement à la coutume, on ne mentionne l'épouse ni du vendeur ni de l'acheteur, ce qui ne contribue pas à leur identification. Toutefois, la preuve documentaire démontre que Charles Marchand fils de Charles a vendu sa terre à Charles Marchand fils de François, un des anciens héritiers de la terre paternelle (voir ci-après). Cet arpent et demi de front, ajouté à l'arpent et demi de son frère Louis, joint « d'un côté au nord-est à la terre de Jean Dussault, d'autre côté au sud-ouest à celle de Jean Huard fils ». L'ancienne terre de François Marchand est ainsi entièrement revenue dans la famille.

Le 24 avril 1719, devant Étienne Dubreuil, Charles Marchand (fils de François) est cité comme voisin, en amont, de feu Jean Dussault père, dont le notaire dresse la liste des biens.

Dans l'aveu de 1723, cette terre n'est pas recensée.

Le 16 juin 1734, devant Jean-Baptiste Choret, Charles Marchand (fils de François) est cité comme voisin, en amont, de Jean Dussault (fils).

Dans le procès-verbal de Jean Eustache Lanoullier de Boisclerc, dressé en 1738, on précise que le chemin du roi passera sur la terre de Louis Marchand, sans mentionner l'arpent et demi appartenant à son frère Charles, entre les terres de Jean Huard et de Jean Dussault.

Le 12 septembre 1748 est déposé chez Louis-Claude Danré de Blanzy, à Montréal, copie d'un acte fait sous seing privé par lequel Charles Marchand (fils de François) a vendu « à Jean-Baptiste Foucher *son neveu* tout le bienfonds qu'il peut avoir en Canada », ce qui inclut la présente terre et une autre plus à l'est (voir CONCESSION 14)[48].

Le 25 octobre 1749, devant Claude Barolet, Jean-Baptiste Foucher vend à Jean Dussault « un arpent et demi de terre de front […] au premier rang des tenanciers dudit lieu de

---

[48] Ce document est le plus tardif que j'ai pu trouver concernant Charles fils de François. Charles aurait alors eu 68 ans. Par ailleurs, l'acte fait partie de la preuve démontrant que le propriétaire est bien Charles fils de François, car Jean-Baptiste Foucher est bel et bien son neveu.

Lauzon borné d'un bord à la terre de Louis Marchand, de l'autre à celle dudit acquéreur […] audit vendeur pour l'avoir acquis de Charles Marchand par billet sous signatures privées du vingt-neuf mars de l'année dernière et passé pour minute à Maître Danré de Blanzy, notaire à Montréal le douze septembre de ladite année ».

Le 14 octobre 1750, sépulture de Jean Dussault à Saint-Joseph de Lévis.

Le 18 novembre 1757, sépulture de sa veuve, Angélique Huard, à Saint-Joseph de Lévis.

Le 3 décembre 1757, devant Simon Sanguinet père, les héritiers de Jean Dussault et d'Angélique Huard « quant aux immeubles desdites successions, consistant en une terre et habitation de quatre arpents et demi de front [ce qui inclut les trois arpents de la CONCESSION 11] … n'ont voulu qu'ils fussent divisés ni partagés voulant en jouir chacun d'eux à leur regard par indivis ».

Selon les papiers-terriers rédigés par Jean-Antoine Saillant en 1765, Jean Dussault fils est copropriétaire, avec ses frères et sœurs, de cette terre d'un arpent et demi, contiguë à une autre propriété familiale de trois arpents située en aval.

CONCESSION 11 – HENRI BRAULT DIT POMAINVILLE

Terre de 3 arpents

Dans son *Terrier du Saint-Laurent en 1663*[49], Marcel Trudel a confondu cette terre avec une autre propriété d'Henri Brault (voir CONCESSION 9).

C'est apparemment vers 1661 qu'Henri Brault a entrepris d'exploiter cette terre. C'est du moins ce qu'il déclarera dans son contrat de concession, en 1677, lorsqu'il sera précisé qu'il s'agit d'une terre de « trois arpents de front […] de laquelle ledit preneur est en possession depuis douze à seize ans déclarant n'en avoir eu autre titre que la quittance qu'il a exhibée audit sieur bailleur » (voir ci-après).

Le 22 septembre 1669, devant le notaire Pierre Duquet, Henri Brault loue pour trois ans à Laurent Levasseur une terre labourable qui « contient trois arpents […] joignant d'un côté à Noël Penaut et d'autre côté à Jean Bourasseau ».

Le 15 août 1670, devant Pierre Duquet, Henri Brault renouvelle le bail déjà accordé à Laurent Levasseur à l'égard d'une terre de trois arpents « joignant d'un côté à Noël Penaut et d'autre côté à Jean Bourasseau », mais il en allège les conditions pour les deux années restantes.

Le 1er juin 1671, devant Gilles Rageot, Henri Brault est cité comme voisin, « des deux côtés », de Noël Penaut.

Le 8 août 1677, devant Gilles Rageot, Claude de Bermen, sieur de la Martinière, concède officiellement à Henri Brault « trois arpents de terre […] de laquelle ledit preneur est en possession depuis douze à seize ans […] joignant d'un côté Jean Bourasseau, d'autre côté François Marchand ». Détail intéressant : le notaire avait d'abord écrit « joignant d'un côté Jean *Huard* ». C'est que Jean Huard était effectivement son voisin, en amont, *sur son autre terre* (voir CONCESSION 9).

Le 8 juillet 1684, devant Pierre Duquet, Henri Brault et François Marchand s'entendent, « les terres des parties étant voisines », pour partager « jusqu'à la fin de la navigation prochaine » les frais et les revenus de la pêche devant leurs propriétés.

Le 4 août 1692, le notaire François Genaple dresse l'inventaire des biens de la communauté d'Henri Brault et de la défunte Claude de Chevrainville. Il mentionne notamment, outre une terre de trois arpents quatre perches moins deux pieds (voir CONCESSION 9), « un *autre* contrat de concession par ledit sieur de la Martinière […] de trois arpents de terre de front et quarante en profondeur […] joignant d'un côté à Jean Bourasseau et d'autre à François Marchand ». Il s'agit sans doute aucun de la présente terre.

---

[49] Trudel, Marcel. *Le terrier du Saint-Laurent en 1663*, op. cit., p. 491.

Le 1ᵉʳ août 1694, devant Louis Chambalon, Henri Brault vend à Jean Dussault « une terre et habitation [...] contenant trois arpents de front [...] joignant d'un côté à Jean Bourasseau et d'autre côté à François Marchand ».

Le 17 juin 1702, devant Michel LePallieur, Jean Dussault est cité dans l'inventaire après décès de François Marchand comme étant son voisin au nord-est.

Le 6 octobre 1708, devant Louis Chambalon, Jean Dussault est cité comme voisin, en aval, des héritiers de Jean-François Marchand.

Le 23 avril 1709, devant Louis Chambalon, Jean Dussault est cité comme voisin, en aval, de Marguerite Gaudreau, veuve de Jacques Marchand.

Sur la carte de Catalogne, en 1709, la terre est correctement identifiée sous le nom de (Jean-François Dussault dit Lafleur dit) Mortagne, entre celles de Louis Marchand et de Jean Bourassa père.

Le 24 avril 1719, devant Étienne Dubreuil, les héritiers de Jean-François Dussault se partagent ses biens. La terre de trois arpents « joignant d'un côté à François Bourassa et de l'autre côté à Charles Marchand » est séparée par le milieu en deux parties égales. La partie nord-est demeure entre les mains de sa veuve, Madeleine Bourassa, tandis que la partie sud-ouest sera partagée entre leurs enfants.

Le 24 avril 1719 encore, devant Étienne Dubreuil, Madeleine Bourassa fait donation à son fils Pierre Dussault de la part qui lui appartient dans une terre joignant d'un côté auxdits Dussault et de l'autre côté le nommé Levasseur (voir CONCESSION 4), mais *« elle réserve la moitié qu'elle a dans une autre terre [...] de trois arpents de front [...] pour tenir lieu de légitime à ses enfants »*. Elle fait allusion à celle-ci.

Le 18 mai 1719, remariage de Madeleine Bourassa avec Jean Bergeron, à Saint-Joseph de Lévis.

Le 25 avril 1722, à la demande de Madeleine Bourassa, l'Intendant Bégon autorise la mise à l'enchère des trois arpents de terre appartenant aux héritiers Dussault en vue d'un contrat d'affermage de trois ans.

Dans l'aveu de 1723, cette terre n'est pas recensée.

Le 16 juin 1734, devant Jean-Baptiste Choret, François Dussault fils vend à son frère Jean Dussault la part et portion d'héritage qui lui revient « dans la succession de feu Jean-François Dussault son père, et ce en une habitation contenant trois arpents de front [...] joignant d'un côté au nord-ouest [sic] l'habitation de François Bourassa et au sud-ouest celle de Charles Marchand ». Il est important de noter que l'habitation de François Bourassa se trouve du côté nord-est, et non nord-ouest.

Dans le procès-verbal de Jean Eustache Lanoullier de Boisclerc, dressé en 1738, on a situé Jean Dussault entre Louis Marchand et François Bourasseau. Son voisin en amont était en réalité Charles Marchand, mais on a omis de le mentionner dans le procès-verbal.

Selon le *Terrier de la seigneurie de Lauzon*[50], c'est Jean Dussault, fils de Jean-François Dussault et de Madeleine Bourassa, qui a acquis la terre paternelle, avec Angélique Huard sa femme, en même temps que la terre d'un arpent et demi, en amont, appartenant à Charles Marchand. Le couple possède alors quatre arpents et demi de terre.

Le 14 octobre 1750, sépulture de Jean Dussault fils, à Saint-Joseph de Lévis.

Le 18 novembre 1757, sépulture d'Angélique Huard, à Saint-Joseph de Lévis.

Le 3 décembre 1757, devant Simon Sanguinet père, les héritiers de Jean Dussault et d'Angélique Huard « quant aux immeubles desdites successions, consistant en une terre et habitation de quatre arpents et demi de front [ce qui inclut l'arpent et demi de la CONCESSION 10] … n'ont voulu qu'ils fussent divisés ni partagés voulant en jouir chacun d'eux à leur regard par indivis ».

Selon les papiers-terriers rédigés par Jean-Antoine Saillant en 1765, ce sont Jean Dussault fils (troisième du nom) et ses frères et sœurs, cohéritiers de Jean Dussault et d'Angélique Huard, qui sont ensemble propriétaires de cette terre de trois arpents, en même temps qu'une autre terre d'un arpent et demi, contiguë, en amont. Les héritiers possèdent donc quatre arpents et demi de terre. Sur cette terre, seuls Louise Dussault et son mari, Michel Bourassa, possèdent séparément leur part d'héritage, soit cinq perches douze pieds, à l'extrémité nord-est, avoisinant leur autre terre de quatre arpents.

---

[50] Bourget Robitaille, Gaétane, op. cit., p. 92.

LES VOISINS AU FIL DU TEMPS

ANNÉE	CONCESSION 11	CONCESSION 12	CONCESSION 13
1652			Charles Amiot
1659		Jean-Baptiste Couillard de Lespinay	
1660	Henri Brault		
1662			(Loc. : Bourasseau / Huard
1667		Jean Bourasseau	
1669	(Loc. : Laurent Levasseur)		Héritiers Amiot et loc. à François Marchand
1674			(Loc. : Louis Marchand I)
1679			Ursulines
Vers 1680			(Loc. : François Marchand)
1694	Jean-François Dussault		
1701			Louis Marchand III
1711		François Bourasseau	
1719	Hér. Jean-F. Dussault / Jean Bergeron		
1734	Jean Dussault fils		
1735			Louis Marchand III / Jean-Baptiste Huard III
1747		Michel Bourassa et autres héritiers	
1748			Gabriel Duquet / Jean-Baptiste Huard III
1750	Hér. Jean Dussault fils		
1760		Michel Bourassa	

CONCESSION 12 – JEAN-BAPTISTE COUILLARD DE LESPINAY

Terre de 4 arpents

En 1659, le seigneur Jean de Lauzon concède « à Jean-Baptiste Couillard, fils […] de Louis Couillard, sieur de Lespinay, le nombre de quatre arpents de terre de front […] à l'endroit où le sieur Couillard [père] a fait faire la pêche d'anguilles l'année dernière […] joignant d'un côté aux terres non concédées, d'autre côté aux terres aussi non concédées […] et par derrière aux terres non concédées ». Il manque quelques lignes au bas du document, dont l'original se trouve à la bibliothèque Houghton de l'université Harvard, au Massachusetts, mais Marcel Trudel (1663) date la concession du 21 janvier[51]. Couillard aura bientôt pour voisins Noël Penaut en amont et Charles Amiot en aval. Mais on sait maintenant qu'il y avait, entre Penaut et Couillard, un terrain vacant de trois arpents de front qui allait être concédé à Henry Brault en 1677.

Il peut être important de préciser ici que Jean de Lauzon et Louis Couillard sont beaux-frères et que Jean-Baptiste n'a que deux ans. De toute évidence, il s'agit d'une faveur que fait le seigneur de Lauzon à son beau-frère et à son neveu.

En date du 1er mai 1667, on trouve dans le greffe du notaire Pierre Duquet la mention d'un acte par lequel Louis Couillard de Lespinay vend la terre à Jean Bourasseau, mais selon Joseph-Edmond Roy, il s'y réserve « le droit de reprendre cette terre à la majorité de son fils aîné, Jean-Baptiste ». Il semble toutefois que ce document soit disparu et par ailleurs, Louis Couillard n'a jamais repris la concession. Le 15 juin 1711, lorsque Jean Bourasseau donnera sa terre à son fils François, on précisera que la concession avait été « acquise de feu le sieur Louis Couillard faisant alors pour Monsieur Jean-Baptiste Couillard de Lespinay ».

Le 22 septembre 1669, devant Pierre Duquet, Jean Bourasseau est cité comme voisin, en aval, d'Henri Brault.

Le 15 août 1670, devant Pierre Duquet, Jean Bourasseau est cité comme voisin, en aval, d'Henri Brault.

Le 8 août 1677, devant Gilles Rageot, Jean Bourasseau est cité comme voisin, en aval, d'Henri Brault.

Le 4 août 1692, devant François Genaple, Jean Bourasseau est cité comme voisin, en aval, d'Henri Brault.

Le 1er août 1694, devant Louis Chambalon, Jean Bourasseau est cité comme voisin, en aval, d'Henri Brault.

---

[51] Trudel, Marcel. *Le terrier du Saint-Laurent en 1663*, op. cit., p. 492.

Sur la carte de Catalogne, en 1709, la terre paraît sous le nom de Jean Bourassa[52] père, entre celles de (Jean-François Dussault dit Lafleur dit) Mortagne et de Louis Marchand.

Le 15 juin 1711, devant Louis Chambalon, Jean Bourasseau et Catherine Poitevin, sa seconde femme, avec l'accord de leurs autres enfants, qui renoncent à leurs droits, donnent à leur fils François Bourasseau une terre et habitation « contenant quatre arpents […] joignant du côté du nord-est à l'habitation de Louis Marchand et du côté du sud-ouest à celle de Jean Dussault ».

Le 12 juin 1714, devant Florent de la Cetière, François Bourasseau signe son contrat de mariage avec Marguerite Jourdain.

Dans l'aveu de 1723, la terre de François Bourasseau est correctement située en amont de celle de Louis Marchand, mais au sud-ouest, on cite par erreur Jean Huard, alors que ce devrait être Madeleine Bourassa, veuve de Jean-François Dussault, et son second mari, Jean Bergeron.

Dans le procès-verbal de Jean Eustache Lanoullier de Boisclerc, dressé en 1738, on a correctement situé François Bourassa entre Jean Dussault (fils) et Louis Marchand.

Le 8 octobre 1746, sépulture de Marguerite Jourdain, à Saint-Joseph de Lévis. La moitié de la terre familiale, soit deux arpents, sera plus tard partagée entre ses enfants.

Le 2 août 1747, devant Louis Pichet, François Bourassa (60 ans), propriétaire de l'autre moitié de la terre familiale, soit deux arpents, cède à Michel Bourassa son fils un arpent de terre et « ensemble lui donne l'usufruit et jouissance d'un autre arpent de terre […] qu'il réserve pour la légitime de ses autres enfants et ce jusqu'à son décès ».

Le 8 avril 1748, devant Claude Barolet, François Bourassa est cité comme voisin, en amont, de Gabriel Duquet dit Desrochers.

Le 8 novembre 1751, le fils de François Bourassa, Michel, épouse Marie-Louise Dussault. François est présent. Il a 64 ans.

Le 16 mai 1753, devant Jean-Claude Panet, Jacques Bégin, veuf de Véronique Bourassa, renonce à « une portion de terre revenant à sa défunte femme de l'héritage de sa défunte mère consentant que ledit François Bourassa son beau-père en dispose ».

Le même jour, 16 mai 1753, également devant Jean-Claude Panet, François Bourassa père fait cession « à François et Michel Bourassa, Jean-Baptiste Bégin [veuf de Marie-Louise Bourassa] et à Jean Poiré et Marguerite Bourassa sa femme » des biens lui revenant du décès de sa fille Véronique « et à l'instant, lesdits François Bourassa, Jean-

---

[52] Partout ailleurs, dans ce document, j'ai opté pour une graphie moderne et uniformisée des patronymes. Mais dans le cas de *Bourasseau*, le problème ne se limite pas à la graphie du patronyme : il y va aussi de sa prononciation. Clairement, on est passé, à un moment donné, d'une finale en « eau » à une finale en « a » (incluant « as », « at » et même « ard »), et il y a eu une longue période de flottement.

Baptiste Bégin [...] et Jean Poiré et Marguerite Bourassa sa femme [...] ont par ces présentes fait cession et abandon à Michel Bourassa [des] droits et possessions qu'ils peuvent avoir et prétendre dans une portion de terre [...] dépendant de la succession de feu Véronique Bourassa ».

Enfin, le 8 août 1755, devant Jean-Claude Panet, Jacques Bourassa fait cession et abandon à Michel Bourassa d'une portion de terre « échue audit vendeur de la succession de Véronique Bourassa sa sœur en qualité de son héritier pour un cinquième ».

À des dates inconnues, Michel Bourassa achète toutes les parts de son père et de ses frères et sœurs dans la terre de quatre arpents.

Selon les papiers-terriers rédigés par Jean-Antoine Saillant en 1765, Michel Bourassa et Louise Dussault sont propriétaires de cette terre de quatre arpents contiguë à une autre terre de cinq perches douze pieds, en amont, dont Louise Dussault a hérité (voir CONCESSION 11). Le couple possède donc quatre arpents cinq perches douze pieds de terre.

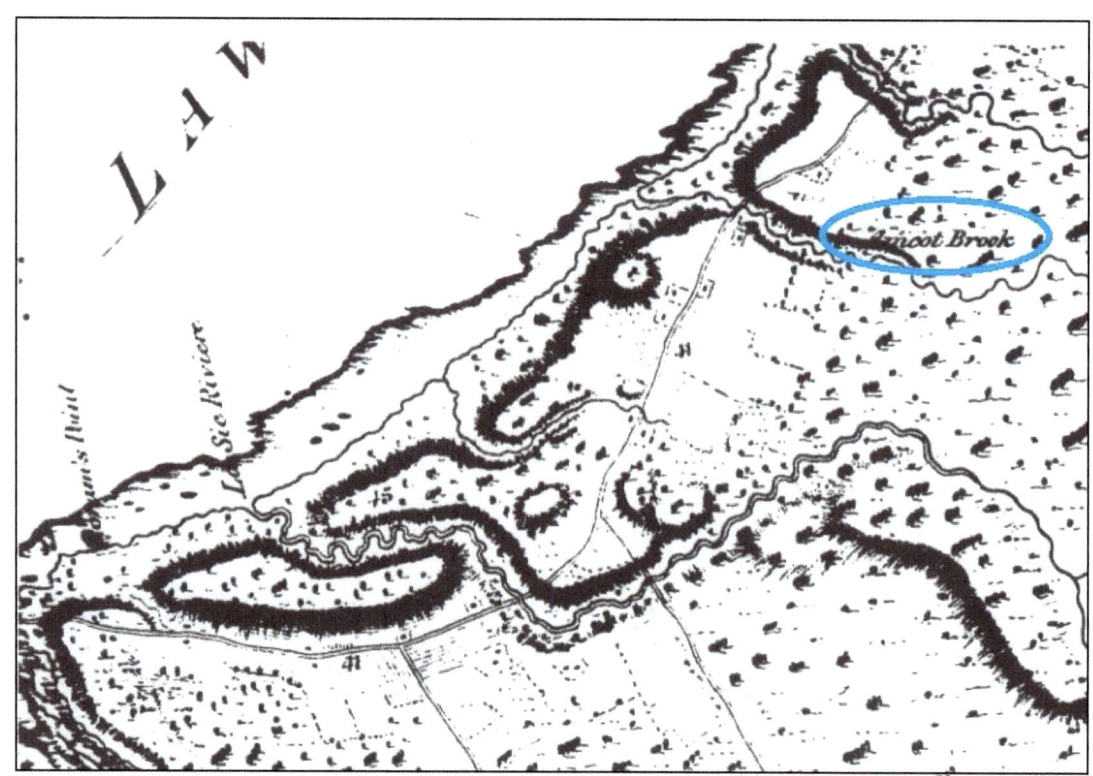
Carte du général Murray montrant le ruisseau Amiot, 1761.[53]

---
[53] MIKAN 4134077, General James Murray's Map of the St. Lawrence, 1761-1763.

CONCESSION 13 – CHARLES AMIOT

Terre de 5 arpents et 2 perches

Selon Marcel Trudel (1663)[54], une terre est concédée à Charles Amiot[55], pour une première fois, le 1er novembre 1652. Un tel contrat est effectivement recensé sous le notaire Romain Becquet dans l'*Inventaire des greffes des notaires du régime français* à la date mentionnée; on n'y donne cependant pas de dimensions et le document est malheureusement indiqué comme manquant[56]. Tout au plus apprend-on que la cession est faite par le seigneur Jean de Lauzon. Trudel ajoute toutefois que c'est là que se trouve « le ruisseau Amiot, qui se déverse dans le fleuve, à la limite nord-est de la terre d'Amiot ».

Toujours selon Trudel (1663), la même terre, dont on précise maintenant qu'elle est de cinq arpents de front, est reconcédée à Charles Amiot le 18 août 1659. Cette information est confirmée dans l'inventaire après décès du tenancier, en 1669, où il est répété que c'est Jean de Lauzon lui-même qui a accordé ces cinq arpents à Charles Amiot. Et la veuve de celui-ci mentionnera encore en 1679, devant Romain Becquet, que la terre lui appartient « par concession qui en a été faite audit défunt sieur Amiot par le seigneur de ladite seigneurie de Lauzon par titre sous seing privé du dix-huitième août gbj^c cinquante-neuf ». Ce point sera extrêmement important pour l'étude de la CONCESSION 14.

Le 5 novembre 1662, devant Guillaume Audouart, Geneviève de Chavigny, femme de Charles Amiot, loue « à titre de ferme à commencer du premier jour de décembre prochain jusqu'à trois années et trois dépouilles finies et accomplies […] à Jean Huard et Jean Bourasseau […] une concession contenant cinq arpents de front ». L'emplacement de la terre n'est pas précisé, mais comme la concession a cinq arpents de front, il n'y a aucun doute qu'il s'agit de celle-ci.

À une date inconnue, Sébastien Prouvereau se joint aux deux associés, Jean Huard et Jean Bourasseau.

Le 14 novembre 1666, devant Pierre Duquet, Jean Bourasseau vend sa part à ses deux associés. Il semble que cet acte soit disparu, mais il en est fait mention dans un contrat subséquent[57].

Le 15 mai 1667, devant Pierre Duquet, Jean Bourasseau donne quittance à ses deux associés « et en ce faisant lesdits Bourasseau, Huard et Prouvereau ont par ces présentes cassé et annulé le contrat de société ci-devant fait entre eux pardevant ledit notaire ».

---

[54] Trudel, Marcel. *Le terrier du Saint-Laurent en 1663*, op. cit., p. 493.
[55] Variantes recensées au cours de ce travail : Amyot, Hamiot.
[56] Roy, Pierre-Georges et Antoine Roy, op. cit., vol. 2, p. 254.
[57] Quittance de Jean Bourasseau à Jean Huard et Sébastien Prouvereau, notaire Gilles Rageot, 18 novembre 1666.

Comme l'a fait Bourasseau, Prouvereau et Huard iront s'établir ailleurs sur la côte (voir CONCESSIONS 5 et 8 respectivement).

Le 25 août 1669, devant Pierre Duquet, Charles Amiot loue sa terre à François Marchand. Cette information provient de l'inventaire après décès de Charles Amiot, daté du 28 décembre 1669, mais je n'ai pas retrouvé le bail.

Le 10 décembre 1669, sépulture de Charles Amiot, à Québec.

Le 28 décembre 1669, le notaire Pierre Duquet dresse l'inventaire des biens de la communauté de feu Charles Amiot et de Geneviève de Chavigny. Il fait alors mention d'un « contrat de concession de cinq arpents […] donné audit défunt sieur Amiot par Messire Jean de Lauzon […] en date du dix-huitième août gbj^c cinquante-neuf ».

Le 21 juin 1671, devant Gilles Rageot, la veuve et les héritiers du sieur Amiot sont cités comme voisins, en amont, de François Marchand.

Le 10 août 1674, devant Romain Becquet, Geneviève de Chavigny loue pour cinq ans à Louis Marchand père, Françoise Morineau sa femme *et Louis Marchand leur fils* une habitation « contenant cinq arpents de terre de front ». Louis fils a alors 16 ans.

Le 17 avril 1678, devant Gilles Rageot, *Louis Marchand fils* (20 ans) transporte « son droit du bail de la terre et habitation de demoiselle Amiot » à son frère François Marchand « à la charge par ledit François de l'acquitter sur ce qu'il conviendra payer à ladite demoiselle Amiot pour le temps qui reste à expirer de leur dit bail […] espérant lesdites parties que Françoise Morineau leur mère satisfera » à tout déficit. Il reste un an au bail.

Le 28 avril 1679, devant Romain Becquet, Geneviève de Chavigny vend aux Ursulines la terre qu'elle louait à bail, depuis 1669, à la famille Marchand, soit une habitation « contenant cinq arpents de terre de front […] joignant d'un côté Jean Bourasseau, d'autre côté les *représentants* Toussaint Ledran […] à ladite damoiselle de Chavigny appartenant par concession qui en a été faite audit défunt sieur Amiot par le seigneur de ladite seigneurie de Lauzon par titre sous seing privé du dix-huitième août gbj^c cinquante-neuf ». On aura par ailleurs noté la mention des *représentants* de Toussaint Ledran. Il s'agit, ici encore, des membres de la famille Marchand, dont la situation juridique est un peu compliquée (voir CONCESSION 14).

À une date pour le moment indéterminée, les Ursulines vendent leur terre à François Marchand. C'est du moins ce qu'on apprendra beaucoup plus tard dans le contrat de mariage de son fils Louis. On y mentionnera alors une habitation que « Marchand père et sa dite femme cèdent […] auxdits futurs époux telle et ainsi qu'ils l'ont acquise des Révérendes Dames Religieuses Ursulines de cette ville *à titre de rente foncière, annuelle et perpétuelle […] suivant le billet de concession que ledit Marchand et sa dite femme ont dit en avoir desdites Religieuses* ». Malheureusement, ce document semble avoir disparu, y compris même des archives des Religieuses.

Le 7 août 1701, devant Louis Chambalon, François Marchand et Madeleine Groleau (ici appelée Grollet) donnent à leur fils Louis, qui s'apprête à épouser Jeanne Bourasseau, « une habitation de cinq arpents de large […] joignant d'un côté audit Bourasseau père, et d'autre côté à celle dudit Marchand père, que ledit Marchand père et sa dite femme […] ont acquise des Révérendes Dames Religieuses Ursulines ».

Le 20 juillet 1703, devant Louis Chambalon, les Ursulines concèdent à Louis Marchand, fils de François Marchand, « à titre de rente foncière de bail d'héritage non rachetable annuelle et perpétuelle […] une terre et concession […] contenant environ *cinq arpents deux perches de large* […] joignant d'un côté à l'habitation de Jean Bourasseau père, de l'autre côté à celle de *la veuve et héritière dudit François Marchand*, […] ainsi qu'elle appartient auxdites Dames Religieuses comme étant aux droits de Charles Amiot ».

Sur la carte de Catalogne, en 1709, la terre paraît sous le nom de « lo. Marchand », c'est-à-dire Louis, entre celles de Jean Bourassa père et de la veuve Marchand (sa mère).

Le 15 juin 1711, devant Louis Chambalon, Louis Marchand est cité comme voisin, en aval, de Jean Bourasseau.

De 1720 à 1739, il est mentionné dans le *Premier terrier et livre de comptes* des Religieuses Ursulines, dont Louis Marchand continue d'être censitaire, qu'il paye une rente annuelle de six livres ».

Dans l'aveu de 1723, la terre de cinq arpents de Louis Marchand est correctement située en aval de François Bourasseau et en amont de Charles Marchand.

Bientôt, la terre de cinq arpents sera partagée en deux parties inégales, soit trois arpents au sud-ouest conservés par Louis Marchand, et deux arpents, au nord-est, donnés à l'une de ses filles.

Le 10 juillet 1735, devant François Rageot de Beaurivage, Louis Marchand et Jeanne Bourasseau sa femme donnent à leur fille Marie-Louise et à son futur époux, Jean-Baptiste Huard (troisième du nom), « deux arpents de terre […] à détacher d'une habitation en son total de cinq arpents […] à prendre du côté du nord-est ».

LOT 13 - A

Dans le procès-verbal de Jean Eustache Lanoullier de Boisclerc, dressé en 1738, on a correctement situé la terre de Louis Marchand entre celle de François Bourassa et « la seconde terre dudit Louis Marchand », sans toutefois faire allusion à la portion donnée à Jean-Baptise Huard.

CONCESSION 13
(5 arpents et 2 perches)

1703	Louis Marchand et Jeanne Bourassa		1703
1735	Louis Marchand et Jeanne Bourassa (3 arpents et 2 perches)	Marie-Louise Marchand et Jean-Baptiste Huard (2 arpents)	1735
1748	Marie-Joseph Marchand et Gabriel Duquet dit Desrochers (3 arpents et 2 perches)		
1765	Marie-Joseph Marchand et Gabriel Duquet dit Desrochers (3 arpents et 2 perches)	Marie-Louise Marchand et Jean-Baptiste Huard (2 arpents)	1765

En 1740, il est mentionné dans le *Premier terrier et livre de comptes* des Ursulines, dont Louis Marchand continue d'être censitaire, que « la terre est présentement séparée [...] Louis Marchand a payé sa rente en 1740, trois livres douze sols ».

Le 8 avril 1748, devant Claude Barolet, Louis Marchand et Jeanne Bourassa donnent à leur fille Marie-Joseph et à son futur époux, Gabriel Duquet dit Desrochers, « une terre de trois arpents de front *et plus s'il y a* [...] bornés lesdits trois arpents de terre de front au NE à l'habitation de Jean-Baptiste Huard, de l'autre au SO à celle de François Bourassa ».

Selon les papiers-terriers rédigés par Jean-Antoine Saillant en 1765, Gabriel Duquet dit Desrochers et Marie-Joseph Marchand sont propriétaires d'une terre de *trois arpents deux perches* en aval de Michel Bourassa et en amont de Jean-Baptiste Huard.

LOT 13 – B

Dans le procès-verbal de Jean Eustache Lanoullier de Boisclerc, dressé en 1738, on a correctement situé la terre de Louis Marchand entre celle de François Bourassa et « la seconde terre dudit Louis Marchand », sans toutefois faire allusion à la portion donnée à Jean-Baptise Huard en 1735.

En 1740, il est mentionné dans le *Premier terrier et livre de comptes* des Ursulines, dont Louis Marchand continue d'être censitaire, que « la terre est présentement séparée; Baptiste Huard a deux arpents, il doit payer tous les ans 2 livres 8 sols ».

Le 20 mars 1743, devant Claude Louet, Jean-Baptiste Huard et Louise Marchand vendent à Joseph Routhier, maître maçon de Québec, « deux arpents de terre de front à prendre du bas de la côte et monter jusqu'à deux perches au-dessus de ladite côte seulement, bornés d'un côté au nord-est à Jacques Poulin et d'autre côté au sud-ouest à Louis Marchand ». En d'autres termes, Jean-Baptiste Huard vient de vendre le « front » de sa terre sur le fleuve, pour ne conserver que les quelque 38 arpents qui se trouvent en haut de la falaise, là où il fait sa culture.

Selon les papiers-terriers rédigés par Jean-Antoine Saillant en 1765, Jean-Baptiste Huard et Marie-Louise Marchand sont propriétaires de deux arpents du côté est de l'ancienne terre de Louis Marchand, entre Gabriel Duquet dit Desrochers et Antoine Nadeau.

LES VOISINS AU FIL DU TEMPS

ANNÉE	CONCESSION 14	CONCESSION 15	CONCESSION 16
1649			Jacques Gauthier dit Coquerel
1661			Toussaint Ledran
Vers 1663	Joseph Lamy		
1666	Jacques Cachelièvre	Toussaint Ledran	
1669	Toussaint Ledran		
1671	François Marchand		
1673	(Loc. : Françoise Morineau)		
1678		Françoise Morineau	Françoise Morineau
1679		(Loc. : Fr. Marchand)	(Loc. : Fr. Marchand)
1701	Hér. François Marchand		
Vers 1704		Hér. Françoise Morineau, dont Laurent Levasseur	Hér. Françoise Morineau, dont Laurent Levasseur
1705	Hér. François Marchand / Jacques Marchand		
1709	Hér. François Marchand		
1710	Hér. François Marchand / René Faureau		
1711	René Faureau		
Vers 1723	Louis et Charles Marchand		
1729		Louis Marchand III / Jean-Baptiste Levasseur	
1738			Jean-Baptiste Levasseur
1740		J. Girard / J.B. Levasseur	
1741	J. Poulin / C. Marchand		
1744		Joseph Girard / Enfants de J.B. Levasseur	Jean-Baptiste Levasseur / Jacques Bourassa
1745			Jean-Baptiste Levasseur / Laurent Levasseur
1747		Madeleine Marchand / Enfants de Jean-Baptiste Levasseur	
1748	J. Poulin / J.-B. Foucher		
1749	Jacques Poulin		
1761	Antoine Nadeau		

CONCESSION 14 – JOSEPH LAMY

Terre de 3 arpents

Il existe certainement une grande confusion concernant la première terre située à l'est du ruisseau Amiot et on comprendra vite pourquoi.

Certains auteurs sont d'avis que Charles Amiot s'était vu concéder deux terres, soit celle de cinq arpents que nous venons d'étudier (voir CONCESSION 13), à l'ouest du ruisseau qui portera plus tard son nom, et la terre voisine, située immédiatement à l'est du même ruisseau. C'est un fait que Trudel (1663)[58] mentionne deux actes de concession, en 1652 et 1659, mais il les attribue à la même terre, qui aurait été augmentée, et non à deux terres différentes.

Léon Roy, pour sa part, avance que Charles Amiot aurait obtenu deux terres, en commençant par celle qui se trouve à l'est du ruisseau Amiot, le 1er novembre 1652. Toujours selon lui, la terre serait passée à Toussaint Ledran entre 1659 et 1662, puis à Noël Penaut avant 1663 (titre en 1671), à Joseph Lamy après 1663, puis à Jacques Cachelièvre en 1666 et à Paul Chalifour en 1672[59]. C'est à croire que la terre en question faisait l'objet d'une malédiction! Au moins une de ces transactions peut être facilement et rapidement invalidée, car la concession dont Noël Penaut a obtenu le titre le 1er juin 1671, devant Guillaume Audouart, touchait une terre « de trois arpents […] joignant *de deux côtés Henri Brault* […] sur laquelle concession ledit preneur est demeurant et en *est en possession depuis six à sept ans* » (voir CONCESSION 10). Ce n'est clairement pas celle-ci. Parallèlement, dans son contrat de vente à Jacques Cachelièvre, passé devant Gilles Rageot le 28 décembre 1666, Joseph Lamy prétend avoir reçu la terre en concession de Messire de Charny (et non de Noël Penaut), et la terre se situe entre Charles Amiot et Toussaint Ledran : c'est donc bien celle-ci.

J'ose émettre qu'une partie des transactions proposées ci-dessus par Léon Roy touchent au moins une, sinon plusieurs *autres* terres.

L'acte de cession du 1er novembre 1652 semble malheureusement être disparu, ce qui rend difficile la résolution de cette énigme, mais l'option d'une seule terre, concédée et reconcédée à Charles Amiot, et peut-être agrandie à ce moment-là de trois à cinq arpents, paraît la plus probable. En effet, si Charles Amiot avait demandé une nouvelle terre en 1659, à l'ouest du ruisseau qui va plus tard porter son nom, il n'aurait vraisemblablement pas vendu à Toussaint Ledran, entre 1659 et 1662, la terre qu'il possédait déjà à l'est du même ruisseau. En outre, la double absence de l'acte de concession *ET* de l'acte de vente, sans rien prouver, ajoute à l'argument que cette terre n'a jamais appartenu à Charles Amiot. Sans compter, comme on le verra plus loin, que celui-ci aura amplement l'occasion de prétendre en être le propriétaire, mais qu'il ne le fera à aucun moment.

---

[58] Trudel, Marcel. *Le terrier du Saint-Laurent en 1663*, op. cit., p. 492.
[59] Roy, Léon, op. cit., p. 74.

En conséquence de tout ce qui précède, voici le cheminement qui paraît le plus vraisemblable. Et on verra que la réalité dépasse parfois la fiction, d'où l'aura de mystère qui entoure cette concession!

Toujours selon Marcel Trudel (1663), cette terre aurait eu deux arpents et aurait été concédée après 1663 à Joseph Lamy. Le fait est qu'entre 1662 et 1666, deux hommes s'en considèrent propriétaires.

D'une part, il semble que la terre ait effectivement appartenu à Joseph Lamy[60], car le 28 décembre 1666, devant Gilles Rageot, ce Joseph Lamy vend à Jacques Cachelièvre une habitation comptant « *deux* arpents de front sur *quarante-cinq* de profondeur [...] joignant d'un côté Charles Amiot, d'autre côté Toussaint Ledran [...] audit vendeur appartenant à cause de la donation à lui faite par Messire de Charny, lequel a déclaré ne point avoir le contrat de concession ». Ce dernier élément élimine la possibilité que la terre ait déjà appartenu à Charles Amiot. Par ailleurs, les dimensions de la terre, soit deux arpents sur quarante-cinq, sont inhabituelles pour ce secteur de la côte, mais on les rencontre souvent dans les concessions faites par le sieur de Charny. Malheureusement, on ne retrouve plus cet acte de concession, et donc on n'en a pas la date. Enfin, les prétentions de Lamy seront appuyées partiellement par Toussaint Ledran, appelé à témoigner devant la prévôté en 1673 (voir ci-après), lorsqu'il se dira « d'accord que ledit Lamy a travaillé sur ladite terre ».

Mais d'autre part, il semble aussi que le voisin en amont, Charles Amiot justement, ait entrepris vers 1664 de défricher cette terre sans en détenir la propriété. En conséquence, la terre est vite devenue l'objet d'une dispute entre Jacques Cachelièvre, qui vient d'acquérir la terre de Joseph Lamy, et Charles Amiot.

En effet, les deux hommes se présentent à la prévôté le 25 octobre 1667, et Cachelièvre y exige d'Amiot qu'il dise « ses raisons pourquoi il le trouble en la possession d'icelle ». Amiot lui répond « qu'il a fait du travail et défriché six arpents de terre sur la terre que ledit Lamy *prétend* être sienne et que si ladite terre se trouve appartenant audit Lamy, il demande que ledit Lamy lui *en fasse autant ou qu'il en jouira au désir des ordonnances* ci-devant *par trois ou quatre années et récoltes* ». On peut voir ici qu'Amiot a bel et bien exploité cette terre, dans l'espoir qu'elle lui soit concédée un jour « *au désir des ordonnances* », mais qu'il ne va pas jusqu'à affirmer qu'elle lui appartient ni qu'elle lui a été concédée. D'ailleurs, jamais il n'aura cette prétention dans les documents à venir. Simplement, il a des doutes sur les affirmations de Cachelièvre, dont il exige qu'il « *lui en fasse autant* », c'est-à-dire qu'il le rembourse de ses travaux. Le tribunal donnera néanmoins raison à Cachelièvre sur la foi de son contrat d'acquisition.

Mais il se produit alors quelque chose d'étonnant. Le 18 août 1669, devant Gilles Rageot, Claude de Bermen, sieur de la Martinière, accorde une concession beaucoup plus vaste et *contenant* la terre faisant l'objet du litige au tenancier qui se situe immédiatement

---

[60] Aussi appelé Isaac ou Joseph-Isaac.

en aval, Toussaint[61] Ledran (voir CONCESSIONS 15 et 16). Cet acte ne figure pas dans le greffe de Rageot, mais nous verrons plus loin que le document a bel et bien existé et que cette cession, évidemment, a créé des frictions entre les voisins. Par ailleurs, on pourra déjà se poser des questions : le sieur de la Martinière ignorait-il que le sieur de Charny avait concédé cette terre vers 1663? Ou se peut-il qu'il n'ait pas reconnu la validité de cette concession?

Quoi qu'il en soit, le 21 juin 1671, devant Gilles Rageot, Toussaint Ledran agit comme si la prévôté n'avait pas donné raison à Cachelièvre et vend à François Marchand une terre de *trois* arpents de front et *quarante* arpents de profondeur qu'il « promet garantir *en tant qu'il le peut* suivant la possession qu'il a de la terre ci-après mentionnée à lui concédée par le sieur de la Martinière ». Les mesures de la nouvelle terre concédée ont changé, mais la terre joint « d'un côté la veuve et héritiers du sieur Amiot, d'autre côté ledit Ledran [...] ensemble le droit de chasse et de pêche *en descendant le fleuve au-dessous de la pêche dudit Ledran nonobstant que la terre qu'il délaisse au preneur soit au-dessus de lui* ». On remarquera que le vendeur n'est pas à l'aise d'offrir une garantie ferme à l'acheteur, car tout ce temps-là, Cachelièvre conteste!

Comme pour ajouter à l'embrouillamini, il sera déclaré en 1702 par Michel LePallieur, dans l'inventaire après décès de François Marchand, que Toussaint Ledran a revendu cette terre à ce dernier le 21 juin 1665, alors que ce contrat, comme nous venons de le voir, a été passé le 21 juin 1671. Bonne date, mauvaise année.

Puis, le 2 août 1673, devant Gilles Rageot, et toujours sans tenir compte de Cachelièvre, François Marchand cède à sa mère, Françoise Morineau, « la *jouissance* d'une habitation de trois arpents de terre de front [...] portée par le titre de concession de ladite terre [...] joignant d'un côté à Toussaint Ledran, d'autre à la veuve Amiot ». Il semble qu'il s'agisse là d'un « plan de retraite » pour la dame, car elle pourra conserver les revenus de ses récoltes en tout temps, sauf que les améliorations qu'elle apportera à la propriété « demeureront avec ladite terre après sa mort à la seule disposition dudit Marchand sans qu'il puisse être inquiété par ses cohéritiers, attendu que c'est son bien, pour en jouir par ladite Morineau pendant sa vie ». On pourrait donc penser que Françoise Morineau finira ses jours sur cette terre, mais ce ne sera pas le cas.

De son côté, Cachelièvre ne peut que s'opposer à toutes ces transactions. Aussi, le 31 octobre 1673, il exige devant la prévôté que Geneviève de Chavigny, veuve de Charles Amiot, « soit condamnée le faire jouir de la terre par lui acquise de feu Isaac Lamy » conformément à la sentence du 25 octobre 1667 et « qu'elle ait à en faire déguerpir à ses dépens ceux qui en jouissent », soit François Marchand et sa famille. La responsabilité de la veuve Amiot dans cette affaire n'est pas très claire et elle sera d'ailleurs bientôt contestée par François Marchand.

Quelques jours plus tard, en effet, le 7 novembre 1673, toujours devant la prévôté, Jacques Cachelièvre demande que François Marchand « soit condamné vider l'habitation

---

[61] Aussi appelé Simon. Le 7 juillet 1709, Charles Plante, missionnaire à Beaumont, recueille une déclaration de « Simon » Ledran qui porte, à la fin, « la marque du bonhomme Toussaint ».

qu'il tient de défunt Charles Amiot », ce à quoi François Marchand réplique qu'il jouit « de ladite terre comme propriétaire par concession à lui accordée par Toussaint Ledran auquel il paye rente depuis trois ans, la présente année faisant la quatrième ». C'est ici que le tribunal dira de Ledran « qu'il nous a présentement exhibé » son titre de concession, preuve que cette concession a bel et bien eu lieu. Cachelièvre prétendra alors que Ledran et Marchand savaient « que la terre appartenait à Isaac Lamy duquel le demandeur a les droits [et] qu'ils ont mal obtenu ledit contrat de concession ». Le tribunal ordonnera finalement à Marchand de « vider la terre », sauf qu'il lui autorise un recours contre le sieur de la Martinière.

Le 22 juin 1674, Toussaint Ledran, « prenant le fait et cause de François Marchand », fait appel de la décision auprès du Conseil souverain et gagne son procès. Le Conseil, sous la signature de nul autre que Louis de Buade, comte de Frontenac, renverse la décision rendue par le lieutenant général en novembre 1673, et remet François Marchand « en la propriété et possession de ladite terre ». Cette décision mettra fin à un procès qui dure depuis plusieurs années et confirmera François Marchand dans ses droits.

Puis vient un contrat qui concerne essentiellement la terre située en aval (voir CONCESSIONS 15 et 16), mais dont le libellé ambigu touche également la terre de François Marchand.

Le 24 août 1678, devant Pierre Duquet, Toussaint Ledran vend à « Françoise Morineau femme et séparée de biens de Louis Marchand son mari [une habitation] qui contient en front *ce qui se trouve de terre depuis la terre du sieur François Miville jusqu'à celle des héritiers du défunt sieur Charles Amiot* [...] audit bailleur appartenant par contrat de concession qui lui a été donné par Claude de Bermen, écuyer, sieur de la Martinière [...] passé pardevant Maître Gilles Rageot, notaire royal en cette ville, le dix-huitième août mil six cent soixante-neuf ». Ici, deux observations s'imposent.

En premier lieu, on aura bien sûr remarqué, encore une fois, qu'on ne donne pas les dimensions exactes de la terre. Est-ce un hasard? Ou serait-il possible que Toussaint Ledran fasse cette vente précisément pour s'éviter des ennuis à venir avec ses voisins concernant les limites de leurs terres respectives? En vendant le tout à Françoise Morineau, sans préciser de dimensions, il laisse à la famille Marchand le soin de procéder comme elle l'entend à un éventuel partage des terres.

En second lieu, si Toussaint Ledran vend tout « ce qui se trouve » entre François Miville et les héritiers Amiot, qu'en est-il des trois arpents qu'il a déjà vendus à François Marchand, le fils de Françoise Morineau, le 21 juin 1671? Le même acte du 24 août 1678 nous fournit déjà une réponse partielle à cette question, puisqu'il y est prévu « que ladite Morineau laissera jouir en repos à perpétuité François Marchand de trois arpents de terre de front qui font partie de ladite habitation susvendue, lesquels lui ont été concédés par ledit vendeur ». Cette clause a certainement tout pour rassurer François Marchand puisqu'il n'est même pas présent à la signature du contrat...

Enfin, sans que la chose soit mentionnée clairement, il semble bien que Françoise Morineau n'ait pas été prête à terminer ses jours dans l'habitation de son fils, puisqu'elle achète celle du voisin en aval… Le fils a donc dû reprendre possession de son bien et en jouir en paix pendant une vingtaine d'années.

Le 1er novembre 1679, devant Gilles Rageot, François Marchand est cité comme voisin, en amont, d'une autre terre (voir CONCESSION 15) que sa mère, Françoise Morineau, lui baille à ferme.

Puis, entre le 14 octobre 1701 (vente Bourasseau-Huard, notaire Chambalon) et le 17 juin 1702 (inventaire de ses biens), décès de François Marchand, probablement à Lauzon.

Le 17 juin 1702, devant Michel LePallieur, Madeleine Groleau, veuve de François Marchand, déclare dans l'inventaire des biens de sa communauté avec son défunt mari qu'elle détient « une terre de trois arpents de terre de front […] bornée d'un côté Louis Marchand [son fils aîné], d'autre côté la veuve Louis Marchand [sa belle-mère, Françoise Morineau, qui possède toujours la terre achetée de Ledran] ».

Le 3 septembre 1702, devant Michel LePallieur, Madeleine Groleau signe avec Michel Mailloux un contrat de mariage dans lequel elle dit posséder (en plus de la CONCESSION 10) « un autre arpent et demi de terre de front […] faisant aussi moitié de trois arpents de front », sans en préciser l'emplacement. Il s'agit vraisemblablement de sa moitié de la présente terre.

Le 5 septembre 1703, d'après René Jetté, décès de Madeleine Groleau, à l'Hôtel-Dieu de Québec. Toutefois, cette information est erronée. La défunte est en fait Marie-Madeleine Gobert, épouse de Pierre Groleau.

Le 11 août 1705, le Conseil souverain condamne Michel Mailloux à payer « la somme de quarante-cinq livres cinq sols pour deux années de jouissance de la moitié d'une habitation appartenant aux enfants héritiers dudit défunt Marchand et ordonne qu'il sera incessamment procédé au partage des biens de la communauté ».

Je n'ai pas trouvé l'acte de partage, mais le jour même, 11 août 1705, devant Louis Chambalon, Michel Mailloux, *Madeleine Groleau sa femme auparavant veuve en premières noces de défunt François Marchand* et Louis Marchand, fils dudit défunt Marchand, vendent à Jacques Marchand (frère du défunt), « à l'égard dudit Mailloux et sa dite femme la moitié franche en une terre et habitation […] contenant trois arpents de large […] joignant du côté du nord-est *à l'habitation des héritiers de la veuve Louis Marchand vivante mère dudit acquéreur*, et du côté du sud-ouest audit Louis Marchand vendeur, [à ladite Groleau] appartenant comme ayant été acquise par la communauté d'entre ledit François Marchand et d'elle dite Groleau par contrat de cession à eux fait par Simon Ledran […] en date du 21e juin 1671, et à l'égard dudit Louis Marchand la sixième partie *en l'autre moitié de ladite habitation ainsi qu'elle lui est échue par succession par la mort dudit défunt François Marchand son père*, dont il est héritier pour un sixième avec ses autres frères et sœurs cohéritiers ».

- 99 -

Ce document nous apprend beaucoup de choses. D'une part, Madeleine Groleau vit toujours en 1705. Deuxièmement, elle vend à son beau-frère, Jacques Marchand, sa moitié de la terre acquise de Simon Ledran en 1671. Troisièmement, sa belle-mère, Françoise Morineau, est maintenant décédée. Enfin, Louis, fils de Madeleine Groleau, vend la sixième partie qu'il possède dans l'autre moitié de la terre.

Entre le 11 août 1705 (vente de Madeleine Groleau à son beau-frère, Jacques Marchand, notaire Chambalon) et le 6 octobre 1708 (vente de Louis Marchand à son oncle Jacques, notaire Chambalon), décès de Madeleine Groleau, veuve de François Marchand.

Le 16 décembre 1708, décès à Lauzon de Jacques Marchand, qui laisse ses biens à sa veuve, Marguerite Gaudreau, et à ses enfants.

Sur la carte de Catalogne, en 1709, la terre paraît sous le nom de « la veuve Marchand », soit Marguerite Gaudreau, entre celles de Louis Marchand et de Laurent Levasseur.

Le 9 avril 1709, devant Louis Chambalon, Marguerite Gaudreau, veuve de Jacques Marchand, rétrocède à son neveu, Louis Marchand, « tant en son nom que comme tuteur de Charles et de Jean Marchand, ses frères […] tant pour lui que pour les autres cohéritiers *en la succession de défunt François Marchand et de défunte Madeleine Groleau* », la terre acquise le 11 août 1705. On notera ici que Madeleine Groleau étant maintenant décédée, la totalité des trois arpents sera maintenant partagée entre ses six héritiers.

Le 1er février 1710, devant Pierre Raimbault, trois des héritiers, Marie-Anne, Françoise et Charles, vendent à René Faureau « chacun pour un sixième de défunts François Marchand et Madeleine Groleau sa femme, leur père et mère » leurs « trois parts de succession ». Ceci dit, Charles est absent et ce sont ses sœurs et beaux-frères qui « se portent fort » de faire ratifier le contrat « par ledit Charles Marchand aussitôt qu'il sera de retour en ce pays ». René Faureau acquiert ainsi les trois sixièmes, ou la moitié, de la terre et, détail important pour la suite des événements, il paie immédiatement les parts de Marie-Anne et de Françoise.

Le 28 août 1711, devant Louis Chambalon, Louis Marchand et son frère Jean vendent également à René Faureau « les deux sixièmes parties en une terre et habitation […] contenant le total d'icelle trois arpents de large […] joignant d'un côté au nord-est à l'habitation de Laurent Levasseur venue de Toussaint Ledran, et du côté du sud-ouest à celle dudit vendeur, venue des héritiers du sieur Amiot […] audit vendeur appartenant et à son dit frère pour leur être échues par succession par la mort de défunt François Marchand et de défunte Madeleine Groleau leur père et mère, lequel François Marchand avait acquis ladite habitation de Simon Ledran ». En principe, donc, René Faureau possède désormais les cinq sixièmes de la terre… Qu'en est-il de la sixième partie, celle de Madeleine Marchand?

Ce même contrat du 28 août 1711 nous éclaire partiellement sur ce point puisqu'on y apprend que Louis Marchand reconnaît « avoir eu et reçu dudit Faureau la somme de vingt livres pour les deux sixièmes parties que Charles et Madeleine Marchand, ses frère et sœur, ont dans ladite habitation qu'ils ont pareillement vendues audit Faureau ». Apparemment, Madeleine a également vendu sa part d'héritage à René Faureau, mais je n'en ai pas le document.

René Faureau devient donc en 1711 l'unique propriétaire de l'ancienne terre de François Marchand.

Il semble toutefois que Louis et Charles Marchand aient racheté les trois arpents de l'ancienne terre de leur père, car à partir de maintenant, ils en seront mentionnés comme les propriétaires, alors qu'on n'entend plus parler de René Faureau. Par contre, Charles Marchand était un voyageur et je ne crois pas qu'il ait cultivé la terre lui-même, d'où le fait que les arpenteurs, par exemple, mentionnent Louis, son frère et voisin, sans le mentionner lui-même. Il se peut aussi que Louis ait cultivé sa terre à sa place. Charles donne l'impression d'avoir été un propriétaire absent.

Louis possède donc dorénavant la portion sud-ouest de la terre, et Charles, la portion nord-est.

LOT 14 – A

Dans l'aveu de 1723, Charles Marchand est donné comme propriétaire de la terre, qui a trois arpents et qui se trouve entre celles de Louis Marchand et de Laurent Levasseur. En réalité, son frère Louis en possède la partie sud-ouest.

Dans le procès-verbal de Jean Eustache Lanoullier de Boisclerc, dressé en 1738, la terre est qualifiée de « seconde terre dudit Louis Marchand », entre celles de Jean Huard et de Jean Levasseur. Cette fois, c'est son frère, Charles Marchand, qui n'est pas mentionné.

Le 26 février 1741, devant Claude Barolet, suite à un procès intenté par Jean Léger et Marguerite Marchand, d'une part, et Michel Aubois et Françoise Marchand, d'autre part, contre leur cousin germain, Louis Marchand, les premiers vendent à ce dernier « lesdits trois arpents ». J'ignore la nature de leurs prétentions. Pour sa part, Louis représente ici vraisemblablement son frère Charles, puisque la propriété leur appartient en commun.

Le même jour, 26 février 1741, également devant Claude Barolet, Louis Marchand et Jeanne Bourassa vendent à leur fille Thérèse Marchand et leur gendre, Jacques Poulin, un arpent et trois quarts « borné à ce jour d'un côté au nord-est à Charles Marchand, de l'autre au sud-ouest à la terre de Jean Huard […] auxdits vendeurs […] appartenant au moyen de la transaction passée entre eux, Jean Léger dit Richelieu et Marguerite Marchand son épouse, tant pour eux que pour Michel Aubois et Françoise Marchand son épouse par devant ledit notaire soussigné ce jourd'hui après midi ».

CONCESSION 14
(3 arpents)

Année	Propriétaires	Année
1701	François Marchand et Madeleine Groleau	1701
1702	6 héritiers de François Marchand (1,5 arpent) / Madeleine Groleau (1,5 arpent)	1702
1705	5 héritiers de François Marchand (1,25 arpent) / Jacques Marchand et Marguerite Gaudreau (1,75 arpent)	1705
	Héritiers de Jacques Marchand	1708
	Rétrocession aux Héritiers de François Marchand	1709
1710	2 héritiers (1 arpent) / René Fauvreau (2 arpents)	1710
1711	René Fauvreau (3 arpents)	1711
17??	Louis et Charles Marchand, fils de François (3 arpents)	17??
1741	Thérèse Marchand et Jacques Poulin (1,75 arpent) / Charles Marchand (1,25 arpent)	1741
	Jean-Baptiste Foucher (1,25 arpent)	1748
1749	Jacques Poulin (3 arpents)	1749
1757	Thérèse Marchand, veuve de Jacques Poulin (3 arpents)	1757
1761	Thérèse Marchand et Antoine Nadeau	1761
1765	Thérèse Marchand et Antoine Nadeau	1765

Le 25 octobre 1749, devant Claude Barolet, Jacques Poulin achète de Jean-Baptiste Foucher, son voisin en aval, « un arpent et un quart de terre de front […] borné d'un bord à la terre dudit acquéreur et l'autre à celle de Joseph Girard […] au vendeur appartenant par acquisition qu'il en a fait par billet sous seing privé de Charles Marchand du vingt-neuf mars de l'an dernier [1748] déposé en l'étude de Maître [Louis-Claude] Danré notaire à Montréal le douze septembre de ladite année ».

Jacques Poulin vient ainsi de réunir l'ancienne terre de trois arpents de René Faureau et, avant lui, de François Marchand (voir LOT 14 – C).

LOT 14 – B

Dans l'aveu de 1723, Charles Marchand est donné comme propriétaire de la terre, qui a trois arpents et qui se trouve entre celles de Louis Marchand et de Laurent Levasseur. En réalité, son frère Louis en possède la partie sud-ouest.

Dans le procès-verbal de Jean Eustache Lanoullier de Boisclerc, dressé en 1738, la terre est qualifiée de « seconde terre dudit Louis Marchand », entre celles de Jean Huard et de Jean Levasseur. Cette fois, c'est son frère, Charles Marchand, qui n'est pas mentionné.

Le 12 septembre 1748 est déposé chez Louis-Claude Danré de Blanzy, à Montréal, copie d'un acte fait sous seing privé par lequel Charles Marchand a vendu « à Jean-Baptiste Foucher son neveu tout le bienfonds qu'il peut avoir en Canada », ce qui inclut une portion de la présente terre et une autre plus à l'ouest (voir CONCESSION 10).

Le 25 octobre 1749, devant Claude Barolet, Jean-Baptiste Foucher vend à Jacques Poulin, son voisin en amont, « un arpent et un quart de terre de front […] borné d'un bord à la terre dudit acquéreur et l'autre à celle de Joseph Girard […] au vendeur appartenant par acquisition qu'il en a fait par billet sous seing privé de Charles Marchand du vingt-neuf mars de l'an dernier [1748] déposé en l'étude de Maître [Louis-Claude] Danré notaire à Montréal le douze septembre de ladite année ».

Jacques Poulin vient ainsi de réunir l'ancienne terre de trois arpents de René Faureau et, avant lui, de François Marchand (voir LOT 14 – C).

LOT 14 – C

Le 26 février 1755, l'arpenteur Ignace Plamondon confirme les trois arpents appartenant à Jacques Poulin[62].

Le 3 décembre 1757, décès de Jacques Poulin, à Saint-Joseph de Lévis.

---

[62] Ce procès-verbal est cependant daté du 4 mars 1755.

Le 31 mars 1761, remariage de sa veuve, Thérèse Marchand, à Antoine Nadeau, à Saint-Joseph de Lévis.

Selon les papiers-terriers rédigés par Jean-Antoine Saillant en 1765, Antoine Nadeau et Marie-Thérèse Marchand sont propriétaires d'une terre de trois arpents en aval de celle de Jean-Baptiste Huard et Louise Marchand, leur beau-frère et belle-sœur, et en amont de celle de la veuve Girard (Madeleine Marchand, remariée depuis à Jean Levasseur).

CONCESSION 15 – TOUSSAINT LEDRAN

Terre de 4 arpents et 2 perches

Les origines de cette concession sont extrêmement nébuleuses et il faudra lire cette section en liaison étroite avec celle qui précède et celle qui suit. Selon Léon Roy[63], cette terre aurait fait partie d'une récompense accordée à François Miville, dont le seigneur de Lauzon, le 29 juin 1661, aurait agrandi la concession originale de trois arpents (voir CONCESSION 17) en un arrière-fief de dix arpents. Autrement dit, l'arrière-fief de dix arpents aurait englobé la présente concession, en même temps que les CONCESSIONS 16 et 17. Comme l'écrit Léon Roy, « c'est par déduction que nous arrivons à établir à dix arpents le front de cet arrière-fief ».

Par contre, il subsiste un mystère au sujet de l'agrandissement lui-même, car le 28 octobre 1649, soit le jour même de la concession originalement accordée à François Miville, et devant le même notaire, Guillaume Audouart, Louis D'Aillesboust, au nom du seigneur de Lauzon, accordait à Jacques Gauthier dit Coquerel la terre immédiatment voisine de Miville (voir CONCESSION 16). Ainsi donc, si un jour Miville a obtenu un agrandissement, Gauthier dit Coquerel a-t-il perdu sa terre? Ou encore, se peut-il que l'agrandissement ait été entre Amiot et Gauthier dit Coquerel, sans être contigu à la propriété de Miville? Ces deux hypothèses sont douteuses.

Chose certaine, si Miville a obtenu un agrandissement, on ne trouve plus les documents par lesquels il a lui-même reconcédé ou vendu les terres voisines de la sienne, ce qui laisse planer un autre doute sur cet agrandissement. D'ailleurs, je n'ai pas pu trouver le document du 29 *juin* 1661 cité plus haut, probablement en raison d'une simple erreur, puisque le 29 *juillet* 1661, le notaire Guillaume Audouart a collationné une concession accordée le 24 novembre 1659 par le seigneur de Lauzon et par laquelle celui-ci cédait à François Miville *un fief de quatre arpents*, ce qui correspondra effectivement à l'avenir à la propriété de Miville (voir CONCESSION 17).

Je déduis de ce qui précède que la CONCESSION 15 n'a jamais fait partie du fief Miville.

En fait, la première mention spécifique et donc fiable de cette terre provient d'un document relatif à la terre voisine. Le 28 décembre 1666, devant Gilles Rageot, Toussaint Ledran[64] est cité comme voisin, en aval, de Joseph Lamy.

Mais ce n'est que le 18 août 1669, toujours devant Gilles Rageot, que Claude de Bermen, sieur de la Martinière, accorde officiellement cette concession à Toussaint Ledran, sauf qu'il y *englobe* la terre qui se trouve en amont et qui fait l'objet d'un litige (voir CONCESSION 14). Cet acte ne figure pas dans le greffe de Rageot, mais nous verrons plus loin que le document a bel et bien existé et que Ledran s'est ainsi laissé entraîner

---

[63] Roy, Léon, op. cit., p. 73.
[64] Variantes recensées au cours de ce travail : Laidran, Le Dran et même Legrand (sic). Ce Toussaint Ledran était cousin germain de Charles Amiot par leurs mères.

dans le procès qui oppose ses voisins. Par ailleurs, on ne connaît pas la largeur de la terre accordée à Ledran. À noter, enfin, que le document de concession ne fait absolument aucune allusion à un quelconque fief ayant appartenu à François Miville, ce qui, dans mon esprit, clôt ce volet de la discussion.

Quoi qu'il en soit, le 21 juin 1671, devant Gilles Rageot, Toussaint Ledran agit comme si la prévôté n'avait pas donné raison à Jacques Cachelièvre (voir CONCESSION 14) et vend à François Marchand une terre de *trois* arpents de front et *quarante* arpents de profondeur qu'il « promet garantir *en tant qu'il le peut* suivant la possession qu'il a de la terre ci-après mentionnée à lui concédée par le sieur de la Martinière ». Comme la terre autrefois accordée à Joseph Lamy n'avait que deux arpents, Toussaint Ledran vient de céder à François Marchand un des arpents qu'il a lui-même obtenus deux ans plus tôt.

Et on a vu que Jacques Cachelièvre, le 7 novembre 1673, retourne devant la prévôté et que c'est là que le tribunal dira de Ledran « qu'il nous a présentement exhibé » son titre de concession, preuve que cette concession a bel et bien eu lieu. Toutefois, on ne connaît toujours pas la largeur de la terre concédée à Ledran.

Puis vient un contrat dont le libellé est plutôt ambigu, mais qui a pour effet qu'à partir de 1678, les parcours des CONCESSIONS 15 et 16 se confondent, du moins pour une quarantaine d'années. Voir CONCESSION 16.

CONCESSION 16 – JACQUES GAUTHIER DIT COQUEREL

Terre de 3 arpents

Contrairement aux cas qui précèdent, l'acte de concession de cette terre subsiste encore.

Le 28 octobre 1649, devant le notaire Guillaume Audouart, le gouverneur Louis d'Ailleboust concède à Jacques (Gauthier dit) Coquerel[65] « la consistance de quarante arpents ou environ bornés […] par une ligne qui […] fait la séparation entre ledit Coquerel et les terres non concédées et […] par une ligne […] qui fait la séparation entre lui et François Miville ». Il n'est pas trop clair de ce qu'on entend par une « consistance de quarante arpents » et le contrat ne fait pas mention de la largeur de la terre, ce qui créera plus tard des difficultés. Selon Marcel Trudel (1663)[66] toutefois, la terre avait trois arpents de front, ce qui sera effectivement confirmé plus loin.

Je rappelle ici que, selon Léon Roy[67], cette terre aurait fait partie, comme la CONCESSION 15, d'une récompense accordée à François Miville, dont le seigneur de Lauzon, le 29 juin 1661, aurait agrandi la concession originale de trois arpents (voir CONCESSION 17) en un arrière-fief de dix arpents. L'arrière-fief de dix arpents aurait donc englobé la présente concession, en même temps que la CONCESSION 15. Comme l'écrit Léon Roy, « c'est par déduction que nous arrivons à établir à dix arpents le front de cet arrière-fief ».

Mais comme Gauthier dit Coquerel a obtenu cette concession le 28 octobre 1649, soit le jour même de la concession originalement accordée à Francois Miville, et devant le même notaire, Guillaume Audouart, à quel endroit Miville aurait-il bien pu obtenir un agrandissement? Et par ailleurs, je le répète, on ne trouve aucun document indiquant un lien féodal entre Gauthier dit Coquerel et Miville.

Encore une fois, si Miville a obtenu un agrandissement, on ne trouve plus les documents par lesquels il a lui-même reconcédé ou vendu les terres voisines de la sienne, ce qui laisse planer un autre doute sur cet agrandissement.

Je déduis de ce qui précède que la CONCESSION 16, comme la CONCESSION 15, n'a jamais fait partie du fief Miville.

Toujours selon Trudel (1663), Jacques Coquerel aurait vendu sa concession à Toussaint Ledran avant le 29 juillet 1661, puisque Ledran est cité comme voisin de François Miville dans l'acte qui crée le fief concédé à ce dernier à cette date. Malheureusement, je n'ai pas trouvé l'acte de vente à Ledran.

---

[65] Variantes recensées au cours de ce travail : Cocquerel, Coqueret, Coquet, Gaultier, Gauthier, Gautié.
[66] Trudel, Marcel. *Le terrier du Saint-Laurent en 1663*, op. cit., p. 493.
[67] Roy, Léon, op. cit., p. 73.

Mais, comme on l'a vu plus haut (CONCESSION 15), ce n'est que le 18 août 1669, devant Gilles Rageot, que Claude de Bermen, sieur de la Martinière, accorde une concession à Toussaint Ledran, sauf qu'il n'est pas clair si cette concession comprend la terre de trois arpents qui, selon Trudel (1663), lui appartient déjà. Cet acte ne figure pas dans le greffe de Rageot, mais nous verrons plus loin que le document a bel et bien existé. Par ailleurs, on ne connaît pas la largeur de la terre ainsi accordée à Ledran. À noter, cependant, que le document de concession ne fait absolument aucune allusion à un quelconque fief ayant appartenu à François Miville, ce qui, dans mon esprit, clôt ce volet de la discussion.

Puis vient un contrat dont le libellé est plutôt ambigu, mais qui a pour effet qu'à partir de 1678, les parcours des CONCESSIONS 15 et 16 se confondent, du moins pour une quarantaine d'années.

Le 24 août 1678, devant Pierre Duquet, Toussaint Ledran vend à « Françoise Morineau femme et séparée de biens de Louis Marchand son mari [une habitation] qui contient en front *ce qui se trouve de terre depuis la terre du sieur François Miville jusqu'à celle des héritiers du défunt sieur Charles Amiot* [...] audit bailleur appartenant par contrat de concession qui lui a été donné par Claude de Bermen, écuyer, sieur de la Martinière [...] passé pardevant Maître Gilles Rageot, notaire royal en cette ville, le dix-huitième août mil six cent soixante-neuf ».

Ici, plusieurs observations s'imposent. En premier lieu, cette vente inclut la CONCESSION 14, comme on l'a vu plus haut, ainsi que la CONCESSION 15, qui appartient aussi à Toussaint Ledran. Mais comme la CONCESSION 14 appartient déjà au fils de Françoise Morineau, celle-ci obtient en réalité les CONCESSIONS 15 et 16, pour un total qui pourra être établi plus tard à sept arpents. Toutefois et pour le moment, on aura bien sûr remarqué, encore une fois, qu'on ne donne pas les dimensions exactes de la terre. Il est clair qu'un problème persiste à cet égard. Enfin, serait-il possible que Toussaint Ledran fasse cette vente précisément pour s'éviter des ennuis à l'avenir avec ses voisins concernant les limites de leurs terres respectives? En vendant le tout à Françoise Morineau, sans préciser de dimensions, il se sort les doigts de l'engrenage et laisse à la famille Marchand le soin de procéder comme elle l'entend à un éventuel partage des terres.

L'année suivante, le 1er novembre 1679, c'est au tour de Françoise Morineau, devant Gilles Rageot, de bailler à ferme à son fils François Marchand, pour trois ans, « une terre et habitation [...] joignant d'un côté ledit preneur, d'autre François Miville ». Encore une fois, cependant, le contrat ne mentionne pas les dimensions de la terre de Françoise Morineau.

Le 27 avril 1686, devant Pierre Duquet, Françoise Morineau prend une obligation envers son fils Louis. Malheureusement, ce document est indiqué comme manquant dans le greffe du notaire et il est impossible d'en connaître toute la portée. Il pourrait toutefois expliquer un autre contrat daté du 20 avril 1701 (voir ci-après).

D'après Léon Roy[68], la terre passe à Laurent Levasseur vers 1689-1690. Si c'est le cas, il doit s'agir d'une location, et non d'une vente, car on verra plus tard, en 1701, que Louis Marchand fils mentionne cette terre dans son testament et que, en 1705, la terre appartient toujours « aux héritiers de la veuve Louis Marchand père ». D'un autre côté, il ne faut pas oublier que Laurent Levasseur est le gendre de Françoise Morineau. On ne devrait donc peut-être pas s'étonner d'apprendre que c'est lui qui s'occupe de la terre!

Le 2 juillet 1691, devant Gilles Rageot, Françoise Morineau, « femme de Louis Marchand, son mari absent », loue une maison rue Saint-Pierre à Québec. On peut raisonnablement imaginer qu'elle quitte son habitation de la côte de Lauzon.

Le 6 août 1699, devant Louis Chambalon, Françoise Morineau, bien « qu'elle ait il y a plusieurs années consenti une obligation au profit de Louis Marchand son fils, passée devant défunt Maître Pierre Duquet […] d'une somme de quatre cent livres […] proteste de nullité contre ladite obligation ». Françoise Morineau souhaite annuler la donation qu'elle a faite à son fils Louis en 1686 (voir ci-dessus). Obtiendra-t-elle gain de cause? S'il y a eu procès, je n'en ai pas trouvé de trace. Les indices sont contradictoires.

Deux ans plus tard, en effet, le 20 avril 1701, devant Michel LePallieur, Louis Marchand, fils de Françoise Morineau, « prêt de partir pour aller en voyage au pays de l'Acadie »[69], où il se fera flibustier, lègue à l'église Saint-Joseph de la Pointe de Lévis « *une terre contenant sept arpents de front ou environ* […] tenant d'un côté François Marchand, d'autre côté François Miville ». Il paraît clair ici que Louis Marchand II se considère propriétaire de la terre maternelle.

Par ailleurs, et tout à fait indépendamment du litige qui oppose la mère et le fils, il importe de noter ici que, pour la première fois, un contrat fait état de la largeur exacte de la terre, soit sept arpents!

Ceci dit, Louis Marchand revient vivant de sa flibuste et la terre ne passe pas à la paroisse.

Puis, le 17 juin 1702, toujours devant Michel LePallieur, « la veuve Louis Marchand », Françoise Morineau, est citée comme voisine, en aval, de Madeleine Groleau, veuve de son fils François Marchand. On pourrait en déduire que la terre appartient toujours à la mère, mais cette mention ne garantit rien. Il est fréquent, dans les contrats, qu'on cite les anciens propriétaires, souvent plusieurs dizaines d'années après leur mort. Et dans ce cas-ci, Françoise Morineau est toujours bien vivante! Possède-t-elle toujours la terre?

Il semble bien que non. Le 30 septembre 1703, devant Louis Chambalon, Françoise Morineau, quoique « *n'ayant aucun bien quant à présent* », fait donation à son petit-fils, Louis Marchand III, de tout ce qu'elle pourra avoir lorsqu'elle décédera. En contrepartie, son petit-fils s'engage à la prendre « avec lui et sa famille en sa maison […] le reste de

---

[68] Roy, Léon, op. cit., p. 74.
[69] Dans un contrat passé quelques années plus tôt, Louis fils se disait *voyageur*. Obligation de Louis Marchand au sieur Étienne Jeanneau, notaire Louis Chambalon, 3 mai 1695.

ses jours ». Si Françoise Morineau n'a plus aucun bien, sa terre est-elle passée à son fils Louis II uniquement, ou a-t-elle été partagée entre tous ses enfants?

On ne connaît pas la date exacte du décès de Françoise Morineau, mais il aura lieu dans les deux années qui suivent. En effet, le 11 août 1705, devant Louis Chambalon, Madeleine Groleau vend une portion de terre joignant du côté du nord-est à l'habitation « des héritiers de la veuve Louis Marchand ».

Au décès de Françoise Morineau, ses biens sont partagés au minimum en quatre parties, soit entre Marie (Laurent Levasseur), Louis II, Jacques et les enfants de François, et peut-être même en sept. Mais je n'ai pas trouvé l'acte qui pourrait confirmer ce nombre ou indiquer la part de chacun. Toutefois, on apprendra plus loin que Louis II cède un arpent à sa nièce (et non pas sept!), tandis que deux des quatre filles de Jacques vendent ensemble un demi-arpent, ce qui laisse entendre que leur père avait également hérité d'un arpent. Il y aurait donc eu sept héritiers. S'il y a eu désaccord entre la mère et son fils, Louis II, concernant la propriété des sept arpents, il semble que le conflit se soit réglé en faveur de la mère.

Chose certaine, on apprendra plus tard que sur le total de sept arpents qu'elle a laissés en héritage, Louis Marchand II possède l'arpent de terre contigu, du côté est, à la terre de François Miville, et que sa sœur Marie et son beau-frère Laurent Levasseur possèdent une perche contiguë à son arpent.

Le 19 juin 1707, devant François Genaple, Louis Marchand II, flibustier, donne à « Marie Renée Levasseur sa nièce, fille de Laurent Levasseur et de Marie Marchand sa soeur, [...] tous et chacun ses biens meubles, immeubles, dettes actives ». Il donne également pouvoir « audit Levasseur son beau-frère de poursuivre et retirer les paiements des sommes à lui dues [...] même ce qui lui peut être dû par ses neveux, enfants héritiers de feu François Marchand son frère, à cause de la terre qu'il a tenue à ferme de défunte Françoise Morineau leur mère ».

Le 25 février 1708, sépulture de Louis Marchand II, à l'Hôtel-Dieu de Québec. Sa nièce, Renée Levasseur, hérite de ses biens, incluant sa part dans la CONCESSION 16.

Sur la carte de Catalogne, en 1709, la terre en entier, incluant la CONCESSION 15, paraît sous le nom de « l. Levasseur », c'est-à-dire Laurent[70], mais on verra plus tard qu'il agit au nom de ses cohéritiers. La terre, toujours incluant la CONCESSION 15, se trouve entre celles de « la veuve Marchand » (Marguerite Gaudreau) et de François Miville.

Le 28 août 1711, devant Louis Chambalon, Laurent Levasseur est cité comme voisin, en aval, de Louis Marchand III, mais il n'est qu'un des cohéritiers.

Vers 1715, décès de Marie Marchand, épouse de Laurent Levasseur. Ses enfants hériteront de sa part.

---

[70] Et non pas « P. Levasseur », tel qu'on peut le lire sur la *reproduction* de la carte de Catalogne.

Dans les années qui suivent, plusieurs transactions auront lieu pour différentes portions de cette terre, qui couvre les CONCESSIONS 15 et 16. Il sera reconfirmé en 1723 que la terre s'étend sur sept arpents.

Le 4 mai 1716, devant Pierre Rivet Cavelier, on apprendra que Louis Marchand II avait hérité d'un arpent du côté nord-est (voir ci-après) et que sa sœur Marie possédait une perche voisine de cet arpent. Toutefois, on verra plus loin que Marie possédait également un arpent du côté sud-ouest.

Le 4 mai 1716, devant Pierre Rivet Cavelier, les Religieuses Hospitalières de Québec s'engagent à prendre la charge « de Marie Renette Levasseur, innocente » en échange de quoi Laurent Levasseur fait don à l'hôpital général de la somme de trois cents livres, plus « une perche de terre de front qui lui revient [à Marie Renette] par la succession de sadite mère, et un arpent de terre de front qui lui a été donné par défunt Louis Marchand [II] son oncle maternel, ledit arpent joignant ladite perche de terre […] tenant d'un côté au nord-est à François Miville et d'autre côté au sud-ouest au surplus de la terre dudit Levasseur ».

Le 21 octobre 1716, devant Pierre Rivet Cavelier, Pierre Levasseur, « héritier pour une septième partie de défunte Marie Marchand sa mère » vend à son frère Louis « tous les droits successifs immobiliers […] audit vendeur appartenant et qui lui sont avenus et échus par le décès de ladite Marie Marchand sa mère en trois habitations sises en la paroisse Saint-Joseph ». Il s'agit ici de la troisième habitation en cause (voir CONCESSIONS 3 et 5).

Le 13 juin 1717, devant Étienne Dubreuil, les Religieuses Hospitalières vendent à Jean-Baptiste Levasseur « les droits successifs qui appartiennent de présent à Marie Laurette [Renée] Levasseur, sœur dudit acquéreur, fille innocente demeurant à l'Hôpital général, […] et un arpent de terre qui lui a été donné par défunt Louis Marchand [II] son oncle maternel. » Cet arpent appartiendra donc *en propre* à Jean Levasseur (voir LOT 16 – B), mais je ne sais pas si ce sera sa seule acquisition avant son mariage.

Le 4 octobre 1717, devant Étienne Dubreuil, Claire-Françoise Levasseur, épouse de Louis Michaud, vend à son frère Louis « les droits successifs tant meubles qu'immeubles […] appartenant de présent à ladite succession Levasseur par le décès de défunte Marie Marchand sa mère et mère dudit acquéreur » (voir CONCESSIONS 3 et 5).

Le 20 octobre 1722, Jean-Baptiste Levasseur, fils de Laurent, épouse Marie-Charlotte Jourdain à Saint-Joseph de Lévis.

Dans l'aveu de 1723, les CONCESSIONS 15 et 16 sont réunies en une seule terre de sept arpents, et celle-ci est attribuée à Laurent Levasseur. Cette terre ne lui appartient cependant pas, car il n'est qu'un des cohéritiers. Enfin, on situe la terre entre celles de Charles Marchand et de *François Miville*. Il s'agit évidemment des héritiers de Miville, puisque celui-ci est mort en 1711.

Le 27 décembre 1726, sépulture de Laurent Levasseur, à Québec. Il semble alors que son fils Jean-Baptiste, époux de Marie-Charlotte Jourdain, ait racheté les parts de ses frères et sœurs, comme aussi plus tard certaines parts de ses cousines (voir LOT 15 – B), ce qu'il confirmera plus loin devant le notaire Saillant[71].

Encore une fois, je n'ai pas le partage entre les héritiers de Françoise Morineau, mais on sait maintenant que sa fille Marie Marchand, épouse de Laurent Levasseur, a hérité d'un arpent et que leur fils Louis, en plus de sa propre part, a racheté celles de son frère Pierre et de sa sœur Françoise. Il possède donc, au minimum, les trois septièmes d'un arpent.

Après plusieurs transactions au sein de la famille, la terre de sept arpents constituant les CONCESSIONS 15 et 16 s'est trouvée définitivement partagée entre quelques propriétaires.

Je reprends ici l'historique de la CONCESSION 15
(4 arpents et 2 perches).

LOT 15 – A
(1 arpent et 7 perches)

Le 17 juin 1729, devant Étienne Dubreuil, Louis Levasseur vend à son cousin germain, Louis Marchand III, « tous et généralement les droits successifs immobiliers situés en ladite seigneurie de Lauzon, qui consistent dans une terre qui joint d'un côté audit acquéreur et, d'autre côté, à Jean Levasseur […] échus audit vendeur par le décès de défunt Laurent Levasseur et Marie Marchand ses père et mère ». L'étendue de cette portion de terre n'est pas précisée dans le contrat, mais on l'apprendra en 1737.

Le 7 novembre 1732, devant Étienne Dubreuil, Louis Marchand III vend à Joseph Girard son gendre « un arpent de terre *en superficie* qui aura la même largeur sur les quatre faces à prendre sur une terre *appartenant audit vendeur* […] à prendre ledit terrain dans l'endroit où ledit acquéreur a bâti, […] cette vente, cession et transport ainsi faits pour et moyennant le prix et somme de vingt-cinq livres que ledit acquéreur a présentement payé audit vendeur à vue dudit notaire et témoins ». Le document ne précise pas l'emplacement de cette terre, mais cette information nous sera révélée dans un autre contrat, daté de 1740. Par ailleurs, on dit bien ici que la terre *appartient* à Louis Marchand.

Le 28 juin 1737, devant Jacques Barbel, le seigneur Étienne Charest fils accorde titre nouvel à Louis Marchand III concernant « une terre et concession d'*un arpent et sept perches* de terre de front […] bornée du côté du nord-est à Jean Levasseur et du côté du sud-ouest à Charles Marchand ». Il s'agit ici de la première mention de la largeur de la terre de Louis Marchand III, mais deux commentaires s'imposent. D'une part, la terre vendue est beaucoup plus large que les trois septièmes obtenus de Louis Levasseur; d'autre part, *cette mesure variera constamment, à l'avenir, d'un contrat à l'autre*.

---
[71] Bourget Robitaille, Gaétane, op. cit., p. 89.

Le 20 avril 1740, devant Jacques-Nicolas Pinguet, Louis Marchand III et Jeanne Bourassa vendent à leur fille Madeleine Marchand et leur gendre, Joseph Girard, « *un arpent et demi* de terre de front *ou environ* [...] borné d'un côté au sud-ouest à Charles Marchand, d'autre côté au nord-est à Jean Levasseur [...] appartenant auxdits vendeurs pour leur avoir été concédé par Messire Charest [...] par contrat passé devant Maître Barbel [...] et a pareillement été déclaré qu'en la vente ci-dessus mentionnée *est compris un arpent de terre en superficie que lesdits vendeurs ont ci-devant donné auxdits acquéreurs*, qui ne diminuera pas rien du prix de la vente ci-dessus ».

Le 15 novembre 1747, sépulture de Joseph Girard, à Saint-Joseph de Lévis.

Le 28 juin 1748, le notaire Claude Barolet dresse l'inventaire des biens de Joseph Girard. On y mentionne entre autres « une terre d'*un arpent et demi* de front [...] tenant d'un bord au sud-ouest à celle de Charles Marchand, de l'autre au nord-est a celle de Jean Levasseur ».

Le 6 août 1748, remariage de Madeleine Marchand avec son voisin en aval, Jean-Baptiste Levasseur, à Saint-Joseph de Lévis.

Le 26 février 1755, l'arpenteur Ignace Plamondon mesure *un arpent sept perches* appartenant à Madeleine Marchand, veuve Girard, trois arpents cinq perches pour Jean Levasseur (cette portion se trouvant à cheval sur les CONCESSIONS 15 et 16), et deux arpents pour Laurent Levasseur (voir LOT 16 – B)[72].

Le 17 octobre 1761, devant François-Emmanuel Moreau, Madeleine Marchand et son second époux, Jean Levasseur, vendent à Laurent Levasseur, fils de ce dernier, « trois arpents de terre *en superficie* joignant son moulin à scie qu'il a construit audit lieu [...] joignant [au total] au sud-ouest la veuve Poulin et au nord-est à la terre dudit acquéreur ». L'emplacement exact du moulin n'est pas précisé, mais un procès-verbal d'arpentage du 22 octobre 1772, rédigé par Jean-François Hamelin, nous en dira davantage. Pour citer l'arpenteur : « Étant sur ladite borne et ligne qui fait séparation entre la terre de la veuve Poulin et la terre de ladite Madeleine Marchand, j'ai mesuré deux arpents et quatre perches de terre de long et huit perches et demie de large [...] à prendre ledit emplacement depuis le bord de la côte au grand chemin du roi ». On notera ici que la *veuve Poulin*, Marie-Thérèse Marchand, s'est remariée le 31 mars 1761 à Antoine Nadeau il y a... onze ans!

La largeur de la terre que Madeleine Marchand a héritée de son père sera encore confirmée lorsqu'elle vendra ce lot à Louis Lemieux le 28 juin 1773. Il s'agira en effet d'une « terre d'*un arpent sept perches* de front [...] sur laquelle terre ci-dessus vendue est réservé non seulement le moulin mais encore trois arpents de terre en superficie vendus par Jean Levasseur et sa femme à Laurent Levasseur par acte passé devant Maître Moreau notaire le dix-sept octobre mil sept cent soixante-et-un ».

---

[72] Ce procès-verbal est cependant daté du 4 mars 1755.

CONCESSION 15
(4 arpents et 2 perches)

1705	Héritiers de Françoise Morineau, veuve de Louis Marchand I		1705
1729	Louis Marchand III (1,7 arpent)	Jean-Baptiste Levasseur (1,5 arpent)	Autres héritiers Marchand (1 arpent)	1726-1732
1740	Madeleine Marchand et Joseph Girard (1,7 arpent)	Jean-Baptiste Levasseur et Charlotte Jourdain (2,5 arpents)	1737
1748	Madeleine Marchand et Jean-Baptiste Levasseur (1,7 arpent)	Jean-Baptiste Levasseur (1,5 arpent)	Héritiers Jourdain (1 arpent)	1743
		Jean-Baptiste Levasseur (2,5 arpents)	1755
1765	Madeleine Marchand et Jean-Baptiste Levasseur (1,7 arpent)	Jean-Baptiste Levasseur (2,5 arpents)	1765

CONCESSION 16
(3 arpents)

1705	Héritiers de Françoise Morineau, veuve de Louis Marchand I		1705
Vers 1706	Héritiers Marchand (2 arpents)	Louis Marchand II (1 arpent)	Vers 1706
		Renée Levasseur (1 arpent)	1708
		Hospitalières de Québec (1 arpent)	1716
		Jean-Baptiste Levasseur (1 arpent)	1717
1738	Jean-Baptiste Levasseur et Charlotte Jourdain (3 arpents)		1738
1744	J.-B. Levasseur (0,5 arpent)	L. Levasseur (0,5 arpent)	Jacques Bourassa (2 arpents)	1744
1745	J.-B. Levasseur (0,5 arpent)	Laurent Levasseur (2,5 arpents)	1745
1765	J.-B. Levasseur (0,5 arpent)	Laurent Levasseur (2,5 arpents)	1765

LOT 15 – B et CONCESSION 16
(2 arpents et demi et 3 arpents respectivement)

Pendant une vingtaine d'années, les parcours du LOT 15 – B et de la CONCESSION 16 se confondent.

Le 27 décembre 1726, sépulture de Laurent Levasseur, à Québec.

Le 20 février 1732, devant Claude Barolet, Françoise et Marguerite Marchand, épouses respectivement de Michel Aubois et de Jean Léger dit Richelieu, vendent à leur cousin Jean Levasseur « un demi-arpent de terre de front […] joignant d'un côté au nord-est ledit acquéreur, au sud-ouest Louis Marchand […] auxdits vendeurs appartenant comme leur étant avenu et échu par succession de défunt Jacques Marchand ». On voit donc ici que les héritières de Jacques (décédé en 1708) avaient obtenu en héritage le deuxième arpent de la terre de leur grand-mère, juste à côté et à l'est de leur tante, Marie Marchand.

Le 2 août 1737, devant Jacques Barbel, le seigneur Étienne Charest fils accorde titre nouvel à Jean Levasseur concernant « *un arpent et cinq perches* de terre de front […] joignant du côté du nord-est à la terre et habitation dudit Levasseur, d'autre côté au sud-ouest Louis Marchand ». On apprend ici que Jean Levasseur possède déjà le dernier arpent, à l'est, de la CONCESSION 15, ce qui signifie que toute la CONCESSION 15 lui appartient, sauf l'arpent et sept perches de Louis Marchand.

Dans le procès-verbal de Jean Eustache Lanoullier de Boisclerc, dressé en 1738, Jean-Baptiste Levasseur est propriétaire de ce lot (avec aussi la CONCESSION 16), entre « la seconde terre dudit Louis Marchand » et celle des héritiers Miville.

Le 2 janvier 1743, sépulture de Charlotte Jourdain, épouse de Jean-Baptiste Levasseur, à Saint-Joseph de Lévis. Les biens de la communauté seront répartis entre son mari et ses enfants.

À première vue, le partage de la terre, qui couvre une partie de la CONCESSION 15 (2 arpents et demi) et toute la CONCESSION 16 (trois arpents), a été difficile.

Le 9 novembre 1744, selon l'inventaire dressé par Claude Barolet, la communauté formée par Charlotte Jourdain et Jean Levasseur possédait « un arpent cinq perches quelques pieds de terre de front [borné] au sud-ouest à la terre de Louis Marchand et au nord-est à la terre de quatre arpents et une perche audit Levasseur ». Jean Levasseur ajoute un peu plus loin que ces quatre arpents une perche de front lui appartiennent *en propre* et sont bornés « au nord-est à la terre de feu François Miville ». Il faut voir ici que cette terre de quatre arpents une perche inclut une portion de la CONCESSION 15 et la totalité de la CONCESSION 16. On sait également que Jean Levasseur avait acquis des Religieuses Ursulines, avant son mariage, l'arpent qui borne les Miville à l'est, mais je n'ai pas trouvé de document concernant les trois autres arpents que Levasseur prétend ici détenir *en propre*, ce qui signifierait normalement qu'il les aurait acquis avant son mariage.

Pourtant, Jean Levasseur semble se contredire, seulement cinq jours plus tard, le 14 novembre 1744, lorsqu'il vend à Jacques Bourassa, devant Jacques-Nicolas Pinguet, « deux arpents de terre de front […] *bornés d'un côté au sud-ouest aux enfants dudit vendeur et qu'il leur laisse tant à cause du droit de communauté qu'avait leur mère qu'à cause de partie du douaire qu'ils peuvent prétendre, d'autant que ce que ledit vendeur vend n'est pas la moitié de la terre qui dépendait de sa communauté avec défunte Marie-Charlotte Jourdain sa femme*; d'autre côté au nord-est à Joseph Miville ». On voit bien ici qu'il y a contradiction, et le doute qu'elle crée sera renforcé par une autre clause du contrat. En effet, la vente des deux arpents se fait pour mille cinquante livres, dont l'acheteur versera six cents livres au vendeur puis, « quant aux quatre cent cinquante livres qui resteront, a été convenu qu'elles demeureront ès mains dudit acquéreur pour par lui les payer aux enfants dudit vendeur et à chacun portion égale sitôt qu'ils seront parvenus en âge de majorité et ce pour remplir les droits qu'ils pourraient prétendre sur la susdite quantité de terre présentement vendue *si tant est qu'ils y aient quelques droits* ». La situation, quelle qu'elle soit, est telle que Jean-Baptiste ne veut pas prendre le risque d'être poursuivi par ses propres enfants… (voir les tractations faites par son fils Laurent concernant le LOT 16 – B).

À partir d'ici, la CONCESSION 16 (3 arpents) est divisée en deux lots, mais les parcours des LOTS 15 – B et 16 – A continuent de se confondre.

LOTS 15 – B ET 16 – A
(2 arpents et demi et 1 demi-arpent respectivement)

Tout malaise disparaît toutefois lorsque, le 30 juillet 1747, devant Claude Barolet, Jean Levasseur vend une terre située plus à l'est (voir CONCESSIONS 18 et 19), et que dans l'acte de vente, son fils aîné, Laurent, reconnaît qu'il n'a plus « rien à prétendre sur *la terre de trois arpents* » de son père « qui demeure aux deux autres enfants mineurs », soit Charlotte et Catherine. La terre paternelle est maintenant réduite à trois arpents vu que Laurent a racheté les deux arpents de Jacques Bourassa et hérité d'un demi-arpent de sa mère (voir LOT 16 – B).

Le 15 novembre 1747, comme on l'a mentionné plus haut, sépulture du voisin en amont, Joseph Girard, époux de Madeleine Marchand, à Saint-Joseph de Lévis.

Le 6 août 1748, remariage de Jean-Baptiste Levasseur avec sa voisine, Madeleine Marchand, à Saint-Joseph de Lévis.

Le 3 mai 1751, devant Jean-Antoine Saillant, Jean Levasseur vend à son fils Laurent, son voisin en aval, « les deux tiers de la moitié franche au total d'une maison sise à ladite Pointe de Lévis […] tenant la totalité de ladite maison d'un côté au nord-est à l'emplacement dudit acquéreur, d'autre côté au sud-ouest au vendeur, par devant audit vendeur et par derrière aussi audit vendeur […] lesdits deux tiers de ladite moitié de maison appartenant au vendeur comme provenant de la communauté de biens qu'il a eue avec Marie-Charlotte Jourdain sa première femme pour l'avoir acquise pendant icelle ».

On peut supposer ici que la première moitié de la maison appartient déjà aux enfants de Jean Levasseur, incluant Laurent, par héritage de leur mère.

Le 26 février 1755, l'arpenteur Ignace Plamondon mesure un arpent sept perches appartenant à Madeleine Marchand, veuve Girard (voir LOT 15 - A), trois arpents cinq perches pour Jean Levasseur (cette portion se trouvant à cheval sur les CONCESSIONS 15 et 16), et deux arpents pour Laurent Levasseur (voir LOT 16 – B)[73]. On peut voir ici que le demi-arpent dont Laurent Levasseur a hérité de sa mère a été assigné, par erreur, à son père.

LOT 16 – B
(2 arpents et demi)

Comme on l'a vu plus haut, le 14 novembre 1744, devant Jacques-Nicolas Pinguet, Jean-Baptiste Levasseur vend à Jacques Bourassa « deux arpents de terre de front […] bornés d'un côté au sud-ouest aux enfants dudit vendeur […] d'autre côté au nord-est à Joseph Miville ».

À ce moment-là, la terre de sept arpents (CONCESSIONS 15 et 16) serait partagée ainsi, d'ouest en est :

- Joseph Girard et Madeleine Marchand (CONC. 15)   1,5 arpent
- Jean Levasseur (CONCESSIONS 15 et 16)   3,0 arpents
- son fils Laurent Levasseur (CONCESSION 16)   0,5 arpent
- Jacques Bourassa (CONCESSION 16)   2,0 arpents

Le 8 mars 1745, devant Jean-Claude Panet, Jacques Bourassa est cité comme voisin, en amont, des héritiers Miville.

Toutefois, il apparaît vite que la vente faite par Jean Levasseur a irrité son fils Laurent. Le 21 septembre 1745, devant Jean-Claude Panet, Jacques Bourassa accepte la requête de retrait lignager[74] que lui soumet Laurent Levasseur, fils de Jean, et lui cède « deux arpents de terre […] à lui vendus par Jean Levasseur par acte passé devant Maître Pinguet […] le quatorze novembre dernier ». La transaction est d'ailleurs complète puisque le vendeur accepte la somme de six cents livres qui « a été présentement comptée, nombrée et délivrée à vue » du notaire. Ce détail est important, comme on le verra plus loin. Chose certaine, Laurent Levasseur devient le voisin, en aval, de son père.

Vers 1749, devant Jean-Claude Panet, Charlotte Levasseur, fille de Jean, vend à son frère Laurent une part de terre à elle échue par le décès de sa mère, Charlotte Jourdain[75]. Le document n'est toutefois pas plus précis sur l'emplacement de cette part de terre.

---

[73] Ce procès-verbal est cependant daté du 4 mars 1755.
[74] Droit de retirer, i.e. de reprendre un bien héritable qui a fait l'objet d'une vente en dehors de la famille.
[75] Information tirée de l'accord intervenu entre Joseph Dussault et Jean Levasseur, son beau-père, suite au décès de Charlotte Levasseur, notaire Claude Barolet, 4 avril 1752.

Le 26 février 1755, l'arpenteur Ignace Plamondon mesure un arpent sept perches appartenant à Madeleine Marchand, veuve Girard (voir LOT 15 - A), trois arpents cinq perches pour Jean Levasseur (cette portion se trouvant à cheval sur les CONCESSIONS 15 et 16), et deux arpents pour Laurent Levasseur[76]. On peut voir ici que le demi-arpent dont Laurent Levasseur a hérité de sa mère a été assigné, par erreur, à son père.

Le 10 janvier 1758, devant Jean-Baptiste Decharnay, « Laurent Levasseur *représentant* Jacques Bourassa » est cité comme voisin, en amont, de Prisque Boucher. Comme on l'a vu plus haut, Laurent Levasseur a bel et bien acheté et payé comptant treize ans plus tôt la terre qu'il possède en amont de Prisque Boucher. Ce document ne précise pas en quoi Laurent Levasseur est « représentant » de Jacques Bourassa.

PROPRIÉTÉ DES CONCESSIONS 15 ET 16 EN 1765

Selon les papiers-terriers rédigés par Jean-Antoine Saillant en 1765, les sept arpents des CONCESSIONS 15 et 16 se partagent ainsi. Madeleine Marchand Levasseur possède un arpent sept perches acquis de son père, Louis Marchand. Jean-Baptiste Levasseur est donné comme propriétaire d'une terre de *trois arpents*, qu'il a obtenue « tant par héritage de Laurent Levasseur, son père, que par acquisitions qu'il en a faites de ses cohéritiers », tandis que son fils Laurent y possède une enclave de *deux arpents et demi*, « à savoir ½ arpent pour l'avoir recueilli dans la succession de Charlotte Jourdain […] sa mère, et 2 arpents pour les avoir acquis de Jacques Bourassa par droit de retrait »[77]. Les Levasseur, épouse, père et fils, possèdent sept arpents et deux perches, et ont pour voisins en amont Antoine Nadeau et, en aval, Pierre Côté.

---

[76] Ce procès-verbal est cependant daté du 4 mars 1755.
[77] Bourget Robitaille, Gaétane, op. cit., p. 88-89.

LES VOISINS AU FIL DU TEMPS

ANNÉE	CONCESSION 17	CONCESSION 18	CONCESSION 19
1649	François Miville le Suisse	Pierre Miville dit le Suisse	
1652			François Blondeau
Vers 1665			Jacques Miville dit Deschênes
1666	(Loc. : Jean Bourasseau)		
1669		Héritiers Pierre Miville	
1672		Saisie de la propriété	
1673		Hér. Miville / A. Petit	
1677			Alexandre Petit
1679		Alexandre Petit	
1683		Héritiers Alexandre Petit	Héritiers Alexandre Petit
1698		Ch. Bailly, puis Joseph Delestre dit Beaujour	Ch. Bailly, puis Joseph Delestre dit Beaujour
1701		Guillaume Jourdain	Guillaume Jourdain
1705		Jos. Delestre dit Beaujour	Jos. Delestre dit Beaujour
1709		Guillaume Jourdain	Guillaume Jourdain
1711	Héritiers François Miville		
1724		Hér. Guillaume Jourdain	Hér. Guillaume Jourdain
1727	Hér. Miville / J.B. Huard II		
1735	Hér. Miville / JB Huard III		
1745	Prisque Boucher père / Jean-Baptiste Huard III		
1746		Héritiers Jourdain / Michel Lemieux	Héritiers Jourdain / Michel Lemieux
1751	Prisque Boucher père / Prisque Boucher fils / Jean-Baptiste Huard III		
1752	Pr. Boucher père et fils		
1758	Pierre Côté / Prisque Boucher fils		

CONCESSION 17 – FRANÇOIS MIVILLE

Terre de 4 arpents

Selon Léon Roy[78], c'est le 28 octobre 1649, devant le notaire Guillaume Audouart, que le gouverneur Louis d'Ailleboust concède à François Miville[79], qui n'a que 15 ans, une terre de *trois* arpents. Malheureusement, ce document de concession est actuellement introuvable. Il ne figure d'ailleurs pas dans le greffe Audouart. L'emplacement de la terre est tout de même précisé dans un autre acte concernant une concession accordée le même jour, devant le même notaire, à Jacques Gauthier dit Coquerel, selon une ligne « qui fait la séparation entre lui et François Miville » (voir CONCESSION 16).

Toujours selon Léon Roy[80], « sa concession première fut augmentée à 10 arpents [en tout] et érigée en arrière-fief, le 29 *juin* 1661 ». Le fait est que le 29 *juillet* 1661, le notaire Guillaume Audouart collationne une concession accordée le 24 novembre 1659 et par laquelle le seigneur de Lauzon prie son secrétaire « de faire un contrat de François Miville de *quatre* arpents de front que je lui ai donnés en fief tenant d'un côté à Maître Pierre [Miville, son père] et de l'autre à Toussaint Legrand [sic] ». Donc, s'il y a eu agrandissement, comme le prétend Léon Roy, le seigneur de Lauzon n'en fait pas mention; en outre, cet agrandissement n'aura été que d'un arpent et n'aura pas empiété sur les voisins de Miville en amont. Par ailleurs, Pierre-Georges Roy, dans son *Inventaire des concessions en fief et seigneurie*, attribue bel et bien quatre arpents à l'arrière-fief Miville, sans faire mention lui non plus d'aucun agrandissement[81].

Et cette largeur de quatre arpents nous sera confirmée à plusieurs reprises, notamment par Marcel Trudel (1663)[82], l'aveu de 1723 et un contrat du 17 octobre 1727 (voir plus loin). J'en déduis que l'hypothèse d'un fief de dix arpents mise de l'avant par Léon Roy découle sans doute de l'embrouillamini qui concerne les propriétés situées en amont (Coquerel-Ledran, Lamy-Cachelièvre-Marchand, et Charles Amiot). D'ailleurs, dans un contrat de 1745, on parlera « d'une terre de quatre arpents appelée le fief Miville » (voir ci-après).

En 1666, François Miville loue sa terre, car le 23 octobre 1668, devant Pierre Duquet, Jean Bourasseau « avoue tenir de François Miville à ce présent certaine portion de terre qui lui avait été donnée à ensemencer pendant deux ans [...] à la charge de rendre au bout desdites deux années ladite portion de terre labourée et nette de tout bois tant debout que tombé sur icelle ».

Le 24 août 1678, devant Pierre Duquet, François Miville est cité comme voisin, en aval, de Toussaint Ledran.

---

[78] Roy, Léon, op. cit., p. 73.
[79] Variantes recensées au cours de ce travail : Le Suisse, Mainville, Minville.
[80] Roy, Léon, op. cit., p. 73.
[81] Roy, Pierre-Georges. *Inventaire des concessions en fief et seigneurie*, volume premier, p. 131.
[82] Trudel, Marcel. *Le terrier du Saint-Laurent en 1663*, op. cit., p. 493.

Le 1er novembre 1679, devant Gilles Rageot, François Miville est cité comme voisin, en aval, de Françoise Morineau.

Sur la carte de Catalogne, en 1709, la terre paraît sous le nom de « f . Miville », c'est-à-dire François[83]. Elle se trouve entre celles de Laurent Levasseur et de Guillaume Jourdain.

Le 23 novembre 1711, sépulture de François Miville (77 ans), à Rivière-Ouelle.

Dans l'aveu de 1723, on donne François Miville dit le Suisse comme propriétaire de cette terre, même s'il est décédé depuis une douzaine d'années. La terre, qui a *quatre* arpents, se trouve entre celles de Laurent Levasseur et de Michel Jourdain (tenant pour son père, Guillaume).

Le 17 octobre 1727, devant Florent de la Cetière, Jeanne Miville, l'une des cohéritières de François Miville, vend à Jean-Baptiste Huard et Angélique Jourdain « toutes les parts et portions que ladite venderesse peut avoir et prétendre dans une terre et habitation *soit en fief ou en roture* […] consistant en son total en *quatre* arpents de terre de front […] sans parfouissement de mesure et sans que ladite venderesse puisse être inquiétée en façon quelconque quant aux dettes de ses père et mère […] pour en jouir par ledit acquéreur à ses pareils risques et fortunes ». Le libellé de ce contrat nous en apprend beaucoup. D'abord, il est confirmé que la terre a quatre arpents de front. Ensuite, on ne sait plus trop si la terre en question constitue un fief ou une simple concession en roture. Dans le même ordre d'idées, l'héritière craint que la terre fasse l'objet de dettes et enfin, elle avise l'acheteur qu'il en prend possession à ses risques et périls! Il est clair que cette terre avait été laissée à l'abandon par François Miville.

Le 10 juillet 1735, devant François Rageot de Beaurivage, Jean-Baptiste Huard et Angélique Jourdain offrent en cadeau de mariage à leur fils Jean-Baptiste Huard III et à sa future épouse, Louise Marchand, « *une part* qu'ils ont achetée dans une habitation de *quatre* arpents de terre sise en la côte de Lauzon, laquelle terre est indivise, appartenant aux héritiers de feu François le Suisse ». De toute évidence, la succession n'est pas encore réglée.

Et dans le même sens, les héritiers Miville, dans le procès-verbal de Jean Eustache Lanoullier de Boisclerc, dressé en 1738, sont toujours donnés comme propriétaires de cette terre, entre celles de Jean Levasseur et de la veuve Jourdain (Jeanne Constantin).

Le 10 mars 1744, devant Claude Louet, les « représentants défunt François Miville » sont cités comme voisins, en amont, d'Étienne Gély.

Le 8 mars 1745, devant Jean-Claude Panet, les coseigneurs de Lauzon concèdent à Prisque Boucher (et son épouse, Françoise Miville) une terre « de trois arpents de front sur quarante de profondeur bornée au nord-est à Jean Huard fils [troisième du nom] et au sud-ouest à Jacques Bourassa […] ladite terre présentement concédée appartenant auxdits

---

[83] Et non pas « P. Miville », tel qu'on peut le lire sur la *reproduction* de la carte de Catalogne.

seigneurs comme ayant été réunie à leur domaine faute d'établissement d'icelle, icelle provenant d'une terre de *quatre* arpents, appelée le fief Miville ». L'acquéreur précise qu'il la connaît bien « pour l'avoir vue et visitée, *et en avoir joui ci-devant* ».

Également le 8 mars 1745, devant Jean-Claude Panet, les coseigneurs de Lauzon concèdent à Jean-Baptiste Huard III « une terre sise et située dans la seigneurie de Lauzon dépendant du fief Miville d'un arpent de front sur quarante de profondeur borné au nord-est à la veuve Jourdain et d'autre à Prisque Boucher ». L'acquéreur précise qu'il la connaît bien « pour l'avoir vue et visitée *et en avoir joui ci-devant* ». Il s'agit bien sûr de la portion de terre achetée de Jeanne Miville en 1727.

Le 4 janvier 1751, devant le curé Louis-Joseph Mercereau, puis encore le 10 janvier 1751, devant le notaire Jean-Claude Panet, Prisque Boucher père et Françoise Miville cèdent à leur fils Prisque Boucher « un arpent et demi de terre de front […] borné d'un côté au nord-est à Jean Huard et d'autre audit Prisque Boucher père » en échange d'un autre arpent et demi à Saint-Henri.

Le 13 mars 1752, devant Claude Louet, Jean-Baptiste Huard vend à Prisque Boucher fils et Marguerite Huot « une terre et habitation consistant en un arpent de front […] borné d'un côté au nord-est aux héritiers de la veuve Jourdain et au sud-ouest audit acquéreur ».

Le 4 mars 1755, l'arpenteur Ignace Plamondon trace la ligne entre Prisque Boucher père et son voisin en amont, Laurent Levasseur.

Le 10 janvier 1758, devant Jean-Baptiste Decharnay, Prisque Boucher père vend à Pierre Côté « un arpent et demi de terre de front […] faisant moitié d'une terre de trois arpents de front […] bornée d'un côté à *Jean Huard*, d'autre à *Jacques Bourassa* » et lui ayant été concédée « le huit mars mil sept cent quarante-*sept* ». D'une part, Jean Huard et Jacques Bourassa étaient les voisins figurant au contrat d'achat, une dizaine d'années plus tôt. Les voisins actuels sont Prisque Boucher fils et Laurent Levasseur. D'autre part, la date d'achat n'était pas 1747, mais bien 1745.

Selon les papiers-terriers rédigés par Jean-Antoine Saillant en 1765, les quatre arpents de la CONCESSION 17 se partagent ainsi :

- un arpent et demi à Pierre Côté, en amont;
- deux arpents et demi à Prisque Boucher fils, en aval.

CONCESSION 17
(4 arpents)

Year	Left column	Middle	Right column	Year
1744	Héritiers Miville et Jean-Baptiste Huard III (4 arpents)			1744
1745	Prisque Boucher père (3 arpents)		Jean-Baptiste Huard III (1 arpent)	1745
1751	Prisque Boucher père (1,5 arpent)	Prisque Boucher fils (1,5 arpent)		1751
1752			Prisque Boucher fils (2,5 arpents)	1752
1758	Pierre Côté (1,5 arpent)			1758
1765				1765

CONCESSION 18 – PIERRE MIVILLE DIT LE SUISSE

Terre de 4 arpents

Aussi bien Léon Roy que Marcel Trudel (1663) sont d'avis que c'est le 28 octobre 1649, devant le notaire Guillaume Audouart, que le gouverneur Louis d'Ailleboust concède à Pierre Miville dit le Suisse, père du précédent, une terre de *trois* arpents. Malheureusement, ce document demeure introuvable.

Selon Trudel (1663)[84], cette terre aurait été augmentée en 1652 par le seigneur Jean de Lauzon, mais il ignore de combien. Le contrat en question, recensé sous Romain Becquet dans l'*Inventaire des greffes des notaires du régime français* en date du 6 avril 1652, est malheureusement indiqué comme manquant[85].

Le 15 octobre 1669, sépulture de Pierre Miville dit le Suisse, à Québec.

Le 19 juillet 1670, devant Romain Becquet, la veuve de Pierre Miville, Charlotte Maugis, et ses deux fils, François et Jacques, annulent la société qu'ils avaient constituée « l'automne dernier par après le décès dudit défunt Pierre Miville […] pour raison de la traite avec les Indiens […] et comme la traite a entièrement manqué cette année tant à cause de la mortalité et maladie des Sauvages que faute de neige suffisante pour la chasse », les Miville se retrouvent avec une importante dette envers Alexandre Petit, ce qui aura des conséquences importantes pour la suite[86].

Le 25 août 1672, l'huissier royal, Romain Becquet, saisit les biens de la veuve et des héritiers Miville, incluant « une habitation sise en ladite côte de Lauzon contenant *quatre arpents de front* […] le tout borné d'un côté François Miville, d'autre côté Jacques Miville ».

Le 2 mai 1673, après une année de procès, un des fils de Pierre Miville, François, obtient du Conseil souverain que la moitié des biens qui revient en héritage aux enfants de Pierre Miville ne fasse pas partie des biens saisis.

Le même jour, 2 mai 1673, Alexandre Petit, créancier des Miville, devient propriétaire de l'autre moitié de la concession, du côté est, qui appartenait à la veuve de Pierre Miville, Charlotte Maugis.

Le 11 octobre 1676, sépulture de Charlotte Maugis, veuve de Pierre Miville, à Lauzon.

Le 20 octobre 1676, devant Romain Becquet, quatre des héritiers Miville vendent à Alexandre Petit « les quatre sixièmes de tous et chacun les biens immeubles et héritages »

---

[84] Trudel, Marcel. *Le terrier du Saint-Laurent en 1663*, op. cit., p. 494.
[85] Roy Pierre-Georges et Antoine Roy, op. cit., vol. 2, p. 253.
[86] Ouimet, Raymond. *Pierre Miville, un être exceptionnel*, Éditions du Septentrion, Sillery, 1988, p. 76. Les renseignements relatifs aux démêlés judiciaires des héritiers Miville sont tirés de cet ouvrage.

du défunt Miville, incluant « *la moitié* d'une habitation située en la côte de Lauzon contenant *quatre* arpents de front ». Il faut se rappeler ici que l'autre moitié de l'habitation appartient déjà à Alexandre Petit depuis 1673.

Le 15 juin 1677, devant Gilles Rageot, Jacques Miville, sieur Deschênes, vend à Alexandre Petit « tous et tels héritages [...] qui lui peuvent compéter et appartenir et à ladite demoiselle Baillon sa femme en succession desdits défunts Pierre Miville et Maugis » dans l'habitation de la côte de Lauzon.

Le 21 mai 1679, devant Pierre Duquet, François Miville vend également à Alexandre Petit sa part « dans la succession de défunt le sieur Pierre Miville [...] qui est *un douzième* dans la terre qu'il a laissée après son décès ». François Miville a droit à un sixième des biens, tout comme son frère et ses sœurs, mais comme Alexandre Petit possède déjà la moitié de l'habitation, la part d'un sixième ne correspond plus effectivement qu'à « un douzième dans la terre que le défunt Miville *a laissée après son décès* ».

Enfin, le 1er juin 1679, devant Romain Becquet, Mathieu Amiot dit Villeneuve, époux de Marie Miville, ratifie la vente faite par les héritiers Miville le 20 octobre 1676. De cette façon, Alexandre Petit devient alors propriétaire de la totalité des quatre arpents de l'ancienne terre de Pierre Miville.

Et comme il a déjà acquis la concession voisine au nord-est, celle de Jacques Miville, il réunit ainsi les deux concessions. À partir de 1679, les parcours des CONCESSIONS 18 et 19 se confondent, du moins pour une quarantaine d'années. Voir CONCESSION 19.

CONCESSION 19 – FRANÇOIS BLONDEAU

Terre de 3 arpents et 3 perches

Selon Léon Roy[87], François Blondeau aurait reçu le 11 *décembre* 1652, devant le notaire *Guillaume Audouart*, une concession de *quatre* arpents voisine de celle de Georges Cadoret (voir CONCESSION 20). Un tel contrat de concession est recensé sous *Romain Becquet* dans l'*Inventaire des greffes des notaires du régime français*, en date du 11 *novembre* 1652[88]; on n'y donne cependant aucunes dimensions et le document est indiqué comme manquant, de sorte que des doutes subsistent. On verra cependant plus loin que la terre avait en fait environ *trois* arpents de front.

Toujours selon Léon Roy, François Blondeau n'aurait pas pris possession de cette terre, qui aurait été réunie au domaine. Roy avance également qu'elle aurait été ensuite ajoutée à la terre de son voisin au sud-ouest, Pierre Miville dit le Suisse, mais si c'est le cas, ce dernier en fera don à son fils Jacques. Ceci dit, on ne trouve aucune trace ni de cet ajout ni de cette donation.

Par contre, Jacques Miville est cité comme témoin dans une enquête menée à la côte de Lauzon en 1665 contre l'un de ses voisins[89]. Il se trouve donc déjà sur place, soit qu'il habite chez son père, soit qu'il possède déjà cette concession (il a 26 ans).

Le 15 octobre 1669, sépulture de Pierre Miville dit le Suisse, à Québec.

Le 14 septembre 1670, devant Romain Becquet, « ledit sieur Deschênes », soit Jacques Miville[90], est cité comme voisin, en aval, des héritiers Miville. C'est donc dire qu'il occupe déjà, avec ou sans document de concession et depuis une date indéterminée, l'ancienne terre de François Blondeau.

Le 25 août 1672, l'huissier royal, Romain Becquet, saisit les biens de la veuve et des héritiers Miville, incluant « une habitation sise en ladite côte de Lauzon *contenant quatre arpents de front* » (voir CONCESSION 18). Cette information touche *la terre voisine*, en amont, mais elle est importante, car on peut voir que la saisie *n'inclut pas* l'ancienne terre de François Blondeau, dont Léon Roy pensait qu'elle avait été concédée à Pierre Miville.

De plus, dans ce même document du 25 août 1672, Jacques Miville est cité comme voisin, en aval, de la terre saisie, ce qui confirme qu'il occupe toujours l'ancienne terre de François Blondeau.

---

[87] Roy, Léon, op. cit., p. 73.
[88] Roy, Pierre-Georges et Antoine Roy, op. cit., vol. 2, p. 254.
[89] Rapport d'enquête du 26 novembre 1665 inclus dans un acte intitulé *Accusation contre Jacques Bijon et jugement en conséquence*, daté du 16 décembre 1665.
[90] Dans la famille Miville, seuls Jacques et ses descendants porteront le surnom de Deschênes.

Le 3 juillet 1675 (et non pas 1674, comme le pensait Léon Roy), devant Claude Maugue, Claude de Bermen, sieur de la Martinière, officialise les choses et concède à Jacques Miville, sieur Deschênes, « *trois arpents trois perches ou environ* de front disant qu'il a déclaré de laquelle dite terre *ledit preneur a joui ci-devant* joignant d'un côté Georges Cadoret, d'autre côté défunt Pierre Miville ». Contrairement à ce qu'en pensait Léon Roy, Jacques Miville en a donc effectivement pris possession. Et nous avons confirmation que la terre a trois arpents de front, *ou environ*. Ceci dit, ce même contrat, qui clarifie la part jouée par Jacques Miville dans la chaîne de titres de cette terre, contient en même temps un passage mystérieux puisqu'il y est stipulé que « seront en outre annulés par le présent tous autres contrats ci-devant faits si aucuns se rencontrent ». C'est donc dire que même le sieur de la Martinière n'avait pas une idée claire de toutes les tractations qui avaient pu avoir eu lieu à son sujet!

Le 15 juin 1677 toutefois, devant Gilles Rageot, Jacques Miville, sieur Deschênes, vend à Alexandre Petit une habitation « de *trois arpents trois perches ou environ* de front [...] joignant d'un côté Georges Cadoret, d'autre la terre et habitation desdits défunts Pierre Miville et Maugis sa femme, présentement audit sieur Petit *ainsi qu'il a dit* ». Deux observations s'imposent ici. D'une part, cet acte confirme encore, s'il en était besoin, que Jacques Miville était vraiment propriétaire de l'ancienne terre de François Blondeau, puisqu'il la vend à Alexandre Petit; d'autre part, les mots *ainsi qu'il a dit* ont été ajoutés en fin de contrat, probablement à la demande de Jacques Miville, car Alexandre Petit n'est pas encore propriétaire de la totalité de l'ancienne terre de Pierre Miville (voir CONCESSION 18).

Le 1er juin 1679, devant Romain Becquet, Alexandre Petit acquiert la dernière portion qu'il lui manquait de la terre voisine en amont, celle des héritiers Miville. Il devient ainsi propriétaire de deux terres contiguës, pour un total de sept arpents trois perches.

À partir d'ici, les parcours des CONCESSIONS 18 et 19 se confondent, du moins pour une quarantaine d'années.

Le 27 juin 1683, sépulture d'Alexandre Petit, à Montréal.

Le 9 août 1698, après de longs procès, la terre est adjugée à Charles Bailly.

Le 27 octobre 1698, devant Louis Chambalon, Charles Bailly vend à Joseph Delestre, sieur de Beaujour, une terre et habitation « *contenant sept arpents de front ou environ* [...] joignant d'un côté à l'habitation de Georges Cadoret, d'autre côté celle de François Miville [...] telle et ainsi qu'elle a été adjugée par décret audit sieur vendeur par sentence de la prévôté de cette ville en date du 9e août dernier [...] laquelle sentence et toutes les poursuites qui ont été faites pour parvenir à ladite adjudication étant au nombre de quinze, ledit sieur vendeur a présentement mises ès mains dudit acquéreur ». Cette vente couvre donc la totalité des CONCESSIONS 18 et 19.

Le 8 janvier 1701, devant Louis Chambalon, Joseph Delestre, sieur de Beaujour, vend à Guillaume Jourdain une terre et habitation « *contenant sept arpents de front ou environ*

[…] joignant d'un bord à l'habitation de Georges Cadoret, d'autre côté à celle de François Miville […] que ledit vendeur a acquise du sieur Bailly ». L'acheteur devra payer, en plus du coût d'achat, une rente annuelle rachetable pour le montant de 800 livres, ce qui sera à l'origine de désaccords importants. Et la chose n'est pas mentionnée dans le contrat, mais Joseph Delestre est le gendre de Guillaume Jourdain.

Le 2 août 1705, devant Louis Chambalon, Guillaume Jourdain et Joseph Delestre de Beaujour ont « de commun accord cassé, rescindé et annulé ledit contrat de vente ci-dessus sur la remontrance que ledit Jourdain a faite audit Beaujour n'être pas en état de lui payer le prix de la vente ».

Mais l'affaire ne s'arrête pas là. Le 30 novembre 1709, devant Louis Chambalon, Joseph Delestre de Beaujour et Guillaume Jourdain « ont reconnu et confessé de bonne foi qu'encore bien qu'il paraisse par l'acte du 2e jour d'août 1705 […] qu'ils ont cassé et annulé ledit contrat de vente qu'ils avaient, néanmoins est qu'il a toujours subsisté entre eux nonobstant et sans avoir égard audit acte qu'ils déclarent n'avoir fait et passé entre eux que pour des motifs et raisons qu'ils ne jugent pas à propos de déclarer ni expliquer […] veulent, entendent et prétendent qu'il soit et demeure nul et de nul effet » et que le contrat de vente original retrouve « son plein et entier effet ». Guillaume Jourdain rachète donc la terre de sept arpents et trois perches.

Sur la carte de Catalogne, en 1709, la terre en entier, soit les CONCESSIONS 18 et 19, paraît sous le nom de Guillaume Jourdain, entre celles de François Miville et de Georges Cadoret.

Le 11 avril 1718, devant Florent de la Cetière, Guillaume Jourdain et sa femme, Jeanne Constantin, donnent en avancement d'hoirie à leur fils Joseph, qui épouse le jour même Catherine Duquet, une portion non précisée de leur terre, à « détacher de l'habitation où ils demeurent […] joignant la terre et habitation de la veuve et héritiers de feu Cadoret », c'est-à-dire dans la CONCESSION 19. On apprendra plus tard (11 novembre 1744) que cette portion a un arpent de front sur le fleuve. Comme il reçoit ce cadeau en avancement d'hoirie, Joseph n'aura plus droit au partage qui suivra le décès de ses parents.

Le 9 novembre 1719, devant Étienne Dubreuil, Guillaume Jourdain et sa femme, Jeanne Constantin, font donation à leur fils Michel Jourdain « d'un arpent de terre de front […] joignant d'un côté auxdits donateurs et de l'autre côté à Joseph Jourdain », c'est-à-dire dans la CONCESSION 19. Les parents insistent cependant pour que cette donation « ne puisse préjudicier audit donataire […] voulant qu'il […] puisse partager également avec ses cohéritiers ». Plus tard, néanmoins, Michel Jourdain renoncera à sa part d'héritage.

Dans l'aveu de 1723, on attribue la terre à *Michel Jourdain père*. Il s'agit clairement de Guillaume, car son fils Michel n'a que 28 ans et, surtout, il est encore célibataire. Contenant toujours sept arpents (on n'a pas tenu compte des donations faites à Joseph et à Michel), la terre est située entre le fief de François Miville et la terre de Georges Cadoret.

Le 20 février 1724, sépulture de Guillaume Jourdain, à Lauzon.

CONCESSION 18
(4 arpents)

1698	Joseph Delestre dit Beaujour (4 arpents)
1701	Guillaume Jourdain et Jeanne Constantin (4 arpents)
1705	Joseph Delestre dit Beaujour (4 arpents)
1709	Guillaume Jourdain et Jeanne Constantin (4 arpents)
1724	Jeanne Constantin et 5 des héritiers Jourdain (4 arpents)
1744	5 des héritiers Jourdain (2,5 arpents) / Jeanne Constantin (1,5 arpent) (plus 1 arpent dans concession 19)

1744	Jean Levasseur (1 arpent)	Étienne Gély (0,5 arpent)	Alexandre Jourdain (0,5 arpent)	Mathieu Huard (1 arpent)
1746				
1747	Michel Lemieux (1 arpent)			Jean Carrier (1 arpent)
1751		Michel Lemieux (1 arpent)		
1758				Michel Lemieux (1 arpent)
1765	Veuve Gély (1 arpent)	Michel Lemieux (3 arpents)		

CONCESSION 19
(3 arpents et 3 perches)

Date	Propriétaire	Date
1698	Joseph Delestre dit Beaujour (3 arpents et 3 perches)	1698
1701	Guillaume Jourdain et Jeanne Constantin (3 arpents et 3 perches)	1701
1705	Joseph Delestre dit Beaujour (3 arpents et 3 perches)	1705
1709	Guillaume Jourdain et Jeanne Constantin (3 arpents et 3 perches)	1709
1718	Guillaume Jourdain et Jeanne Constantin (2 arpents et 2 perches) | Joseph Jourdain (1 arpent et 1 perche)	1718
1719	Guillaume Jourdain et Jeanne Constantin (1 arpent et 1 perche) | Michel Jourdain (1 arpent et 1 perche)	1719
1744	Jeanne Constantin (1 arpent et 1 perche) | Michel Jourdain (1 arpent et 1 perche)	1744
1744	François Bourassa (1 arpent et 1 perche) | Michel Lemieux (1 arpent et 1 perche)	1744
1746?	Michel Lemieux (1 arpent et 1 perche) | Michel Lemieux (1 arpent et 1 perche)	1746
1749	Michel Lemieux (1 arpent et 1 perche) | Étienne Samson (1 arpent et 1 perche)	1749
1749	Michel Lemieux (1 arpent et 1 perche) | Michel Lemieux (1 arpent et 1 perche)	1749
1765	Michel Lemieux (3 arpents et 3 perches, plus 3 arpents dans la concession 18)	1765

Dans le procès-verbal de Jean Eustache Lanoullier de Boisclerc, dressé en 1738, on attribue cette terre (CONCESSIONS 18 et 19) à la veuve Jourdain (Jeanne Constantin) et on la situe entre celles des « ayant cause de feu Miville » et de Joseph Jourdain, sans mentionner la terre de Michel Jourdain.

Le 10 mars 1744, devant Claude Louet, l'une des héritières de Guillaume Jourdain, Marie-Angélique Jourdain, épouse de Jean-Baptiste Huard, cède par anticipation à sa fille, Marie-Joseph Huard, épouse d'Étienne Gély, les « droits et prétentions à avoir et prendre après le décès de [...] Jeanne Constantin en suivant le partage qu'elle fera faire d'une terre et habitation [...] contenant sept arpents de frondeur [...] bornés d'un côté au sud-ouest aux représentants défunt François Miville, au nord-est aux héritiers représentant feu Saint-Laurent ». Ce contrat ne fait aucune allusion aux deux arpents déjà cédés à Joseph et à Michel Jourdain : la terre à venir en héritage n'a plus que cinq arpents et chevauche les CONCESSIONS 18 et 19.

Le 4 novembre 1744, Alexandre Guillaume Jourdain vend par anticipation à Étienne Gély et Marie-Joseph Huard, sous seing privé, le demi-arpent dont il héritera de son père lorsque la terre sera divisée (CONCESSION 18).

Le 10 novembre 1744, devant Claude Barolet, Marie-Anne Jourdain, veuve de Joseph Delestre, « renonce à la succession échue de feu le sieur Guillaume Jourdain son père pour lui être ladite succession plus onéreuse que profitable ». La terre sera donc partagée entre seulement cinq des héritiers Jourdain.

Le 11 novembre 1744, devant Claude Barolet, les héritiers Jourdain, mis à part Joseph et Michel, « qui ne sont point compris audit présent partage au moyen de leur renonciation », et Marie-Anne, qui s'est également désistée, se partagent la terre de Guillaume. La veuve, Jeanne Constantin, conserve sa moitié, soit deux arpents et demi (qui chevauchent les CONCESSIONS 18 et 19) « au nord-est attenant la terre de Michel Jourdain », alors que chacun des cinq héritiers reçoit un demi-arpent, d'ouest en est, tous ces lots se trouvant dans la CONCESSION 18 :

- Mathieu Huard (Jeanne)
- Jean-Baptiste Huard (Angélique)
- Guillaume Alexandre Jourdain
- François Bourassa (Marguerite)
- Jean Levasseur (Charlotte)

Le 21 novembre 1744, sépulture de Jeanne Constantin, à Saint-Joseph de Lévis. Les cinq héritiers qui avaient obtenu chacun un demi-arpent de leur père ont alors reçu chacun un autre demi-arpent de Jeanne Constantin, mais je n'ai pas le document. Les héritiers se sont-ils partagé, par tirage au sort, les deux arpents et demi de leur mère, ou ont-ils repris le tirage au sort pour la totalité des cinq arpents de leurs parents, de manière à hériter chacun de deux demi-arpents contigus? Si l'on en juge d'après les transactions qui vont s'échelonner de 1744 à 1758, les héritiers ont procédé à un nouveau tirage au sort, pour obtenir chacun un arpent et sept pieds, soit cinq arpents et trois perches divisés par cinq.

D'ouest en est, les quatre premiers lots se trouvent dans la CONCESSION 18, et le cinquième, dans la CONCESSION 19 :

- Jean-Baptiste Huard (Angélique a déjà cédé ses droits à Étienne Gély)
- Jean Levasseur (Charlotte)
- Guillaume Alexandre Jourdain (a déjà cédé un demi-arpent à Étienne Gély)
- Mathieu Huard (Jeanne)
- François Bourassa (Marguerite)

Je n'ai pas pu retracer ce qu'il est advenu de l'arpent de François Bourassa, époux de Marguerite, mais en 1746 (voir ci-après), il appartient déjà à Michel Lemieux.

Le 22 avril 1746, en effet, devant Claude Barolet, Mathieu Huard vend à sa fille Geneviève et à son gendre, Jean Carrier, un arpent « borné d'un côté au nord-est *à un pareil arpent appartenant à Michel Lemieux*, de l'autre au sud-ouest à celui d'Étienne Gély » (CONCESSION 18).

Le 30 juillet 1747, devant Claude Barolet, Jean Levasseur, *au nom de ses trois enfants mineurs*, vend à Michel Lemieux « un arpent sept pieds et demi ou environ de terre de front [...] borné des deux côtés aux terres du nommé Gély fils [...] ladite portion vendue de même qu'elle est avenue et échue auxdits trois mineurs de par le décès arrivé de Guillaume Jourdain et de Jeanne Constantin leur grand-père et grand-mère, desquels sont héritiers pour cette portion que de droit par représentation de ladite feu Charlotte Jourdain leur mère » (CONCESSION 18).

Le 9 mai 1749, devant Claude Barolet, Joseph Jourdain vend à Étienne Samson fils « un arpent et sept pieds ou environ de terre de front [...] borné d'un côté au sud-ouest à la terre de Michel Lemieux, de l'autre au nord-est à la terre de la veuve Huot Saint-Laurent [...] au vendeur appartenant comme héritier de feu ses père et mère » (CONCESSION 19). Il est toutefois à noter que Joseph avait reçu cet arpent de ses parents en 1718, bien avant le partage de la succession, en avancement d'hoirie.

Le 26 mai 1749, devant Gervais Hodiesne, les héritiers d'Alexandre Guillaume Jourdain, soit Joseph, Madeleine, Françoise, Jean-Baptiste et Louise Jourdain, donnent procuration à leur oncle, Jean Levasseur, de vendre leurs droits successifs « sur une terre située en ladite paroisse Saint-Joseph de la Pointe de Lévis [...] lesdits droits leur provenant de la succession et héritage de défunt Guillaume Alexandre Jourdain leur père et beau-père ». L'étendue de la terre n'est toutefois pas précisée.

Le 1er décembre 1749, devant Claude Barolet, Étienne Samson cède à Michel Lemieux, par échange, « un arpent sept pieds ou environ de terre de front [...] borné d'un bord à la terre de lui, dit Michel Lemieux, de l'autre, à celle de la veuve Huot Saint-Laurent [...] audit Samson appartenant pour l'avoir acquis [...] de Joseph Jourdain par contrat passé pardevant le notaire soussigné le neuf mai dernier » (CONCESSION 19).

Le 16 janvier 1751, devant Jean-Antoine Saillant, Étienne Gély et Marie-Joseph Huard vendent à Michel Lemieux un terrain « contenant un demi-arpent et quelques pieds ou environ de front […] tenant d'un côté au sud-ouest à l'acquéreur, au nord-est à Jean Carrier […] ledit terrain […] appartenant audit Étienne Gély comme l'ayant acquis de défunt Alexandre Jourdain suivant son billet sous signature privée en date du quatre novembre mil sept cent quarante-quatre » (CONCESSION 18).

Le 31 janvier 1751, devant Jean-Antoine Saillant, Jean Levasseur, *fondé de procuration de ses neveux, Joseph, Madeleine, Françoise, Jean-Baptiste et Louise Jourdain,* en date du 26 mai 1749, vend à Michel Lemieux un terrain « contenant un demi-arpent et trois pieds et demi ou environ de front […] tenant d'un côté au sud-ouest à l'acquéreur, d'autre côté à Jean Carrier », ledit terrain leur appartenant « comme l'ayant recueilli dans la succession de Guillaume [Alexandre] Jourdain » (CONCESSION 18).

Le 13 mars 1752, devant Claude Louet, les héritiers Jourdain sont cités comme voisins, en aval, de Prisque Boucher (CONCESSION 18).

Le 3 mars 1755, l'arpenteur Ignace Plamondon trace la ligne entre Michel Lemieux et sa voisine en amont, la veuve d'Étienne Gély (CONCESSION 18)[91].

Le 28 juin 1758, devant Jean-Antoine Saillant, Jean Carrier et Geneviève Huard vendent à Michel Lemieux et Marie-Anne Bégin son épouse « une terre d'un arpent et sept pieds et demi ou environ de front […] tenant d'un côté au nord-est aux acquéreurs et d'autre côté, au sud-ouest, auxdits acquéreurs […] appartenant ladite terre auxdits vendeurs pour l'avoir acquise de défunte Jeanne Jourdain […] femme de Mathieu Huard par contrat passé devant Maître Barolet » le 22 avril 1746 (CONCESSION 18).

Michel Lemieux possède maintenant cinq, et peut-être même six, des sept arpents de l'ancienne terre de Guillaume Jourdain père et Jeanne Constantin, mais je n'ai trouvé aucun contrat entre lui et Michel Jourdain.

Selon les papiers-terriers rédigés par Jean-Antoine Saillant en 1765, Marie-Joseph Huard, veuve d'Étienne Gély, est donnée comme propriétaire d'une terre d'un arpent. Les six autres arpents de la terre de sept arpents (CONCESSIONS 18 et 19) appartiennent à Michel Lemieux. Prises ensemble, les deux concessions sont situées entre celles de Prisque Boucher et de Joseph Bégin.

---

[91] Ce procès-verbal est cependant daté du 4 mars 1755.

CONCESSION 20 – GEORGES CADORET

Terre de 4 arpents

Le 11 novembre 1652, devant le notaire Guillaume Audouart, Jean de Lauzon concède à Georges Cadoret « le nombre de huit vingt arpents […] à savoir quatre arpents de large […] sur quarante de profondeur tenant […] d'un côté aux terres de Charles Sevestre […] et de l'autre côté aux terres de François Blondeau ».

Le 19 novembre 1688, devant Gilles Rageot, Georges Cadoret est cité comme voisin, en amont, de Catherine Gauthier, veuve de Denis Duquet.

Le 8 janvier 1701, devant Louis Chambalon, Georges Cadoret est cité comme voisin, en aval, de Joseph Delestre dit Beaujour.

Sur la carte de Catalogne, en 1709, la terre paraît sous le nom de Georges Cadoret[92], entre celles de Guillaume Jourdain et de la veuve Duquet.

Le 18 avril 1711, sépulture de Georges Cadoret, à Lauzon.

Le 17 août 1711, Hilaire Bernard de la Rivière, « à la requête de Jean-Baptiste Duquet et de Barbe Boucher, veuve de feu Georges Cadoret », tire une ligne de séparation entre leurs propriétés, « en présence dudit Duquet et le fils de ladite veuve Cadoret ».

Le 8 février 1712, remariage de Barbe Boucher avec Louis Jourdain dit Saint-Louis, à Lauzon.

Le 29 octobre 1716, devant Hilaire Bernard de la Rivière, agissant ici comme notaire, il y a partage des biens de Georges Cadoret, « savoir deux arpents pour ladite Boucher, laquelle les a choisis sur le côté au sud-ouest, et les deux autres arpents vers le nord-est partagés en neuf enfants […] tous héritiers audit feu Cadoret leur père auxquels appartiennent à chacun deux perches cinq pieds six pouces de terre de front […] et sont convenus que les parts desdits mineurs seront laissées l'une contre l'autre ». Finalement, d'ouest en est, on trouvera les deux arpents de la mère, les lots des six enfants mineurs, puis ceux des trois enfants majeurs, soit François, Anne et Jean.

Le 19 septembre 1718, Marie-Joseph Cadoret, fille de feu Georges Cadoret et de Barbe Boucher, épouse à Lauzon Laurent Huot dit Saint-Laurent. Comme on le verra ci-après, Marie-Joseph va bientôt entreprendre de racheter les parts de ses frères et soeurs.

Le 22 avril 1721, devant Florent de la Cetière, Anne Cadoret et son mari, Simon Drouillard, vendent à « Laurent Huot dit Saint-Laurent leur beau-frère […] tous et tels droits et prétentions que ladite Cadoret a, aura et peut avoir et prétendre dans tous les

---

[92] Et non pas « Do. Cadoret », tel qu'on peut le lire sur la *reproduction* de la carte de Catalogne.

biens immeubles à elle échus par le décès de défunt Georges Cadoret son père et à échoir par le décès de Barbe Boucher sa mère ».

Dans l'aveu de 1723, on attribue toujours la terre à Georges Cadoret, même s'il est décédé depuis une douzaine d'années. Elle est située entre celles de *Michel Jourdain père* (il s'agit clairement de Guillaume, car son fils Michel n'a que 28 ans et, surtout, il est encore célibataire) et de Charles Duquet dit Desrochers, un des héritiers de Jean Duquet.

Le 20 mars 1724, décès de Barbe Boucher, veuve de Georges Cadoret, à Lauzon. Les biens de Georges Cadoret et de Barbe Boucher sont divisés en neuf parties. Leur fille Marie-Joseph, qui a déjà acquis en 1721 la part de sa sœur Anne, possède donc immédiatement deux parts.

Le 5 juillet 1725, devant François Rageot de Beaurivage, Marie-Joseph Cadoret et son mari, Laurent Huot, achètent la part de Jean-Baptiste Cadoret et de son épouse, soit « la neuvième partie de terre qui leur revient d'héritage » faisant partie d'une habitation « consistant en son total à quatre arpents […] joignant d'un côté au sud-ouest aux héritiers de feu Guillaume Jourdain et au nord-est à celle des héritiers de feu Monsieur Duquet ». Le couple possède donc maintenant trois parts de la terre.

Le 24 mars 1726, devant François Rageot de Beaurivage, Marie-Joseph Cadoret et Laurent Huot achètent de Pierre Cadoret et de son épouse « toutes les parts et prétentions qui peuvent leur revenir […] dans une habitation […] provenant d'héritage des feux Georges Cadoret et Barbe Boucher ». Dans ce cas-ci, on mentionne comme voisin en amont Joseph Jourdain. Le couple possède maintenant quatre parts.

Le 1er août 1726, devant François Rageot de Beaurivage, Marie-Joseph Cadoret et Laurent Huot achètent de François Cadoret sa part d'héritage, soit un autre neuvième, pour un total de cinq parts.

Le 3 août 1726[93], devant François Rageot de Beaurivage, Marie-Joseph Cadoret et Laurent Huot achètent la part d'Angélique Cadoret, épouse de François Dubois, soit un autre neuvième de la terre. Le couple possède maintenant six des neuf parts de la terre.

Le 8 novembre 1730, devant François Rageot de Beaurivage, Marie-Joseph Cadoret et Laurent Huot achètent de Marie-Anne Cadoret et de son mari, Étienne Huot, « toutes les parts et prétentions qu'ils prétendent à la part de la succession de feu Georges Cadoret et sa femme […] en une habitation en son total de quatre arpents de front […] joignant d'un côté au nord-est le sieur [Louis Jourdain dit] Saint-Louis et au sud-ouest Joseph Jourdain », sans précision de l'étendue de leurs « parts et prétentions ». Le couple possède maintenant sept des neuf parts de la terre.

---

[93] Dans le contrat même, on donne la date du 30 août, mais le document est classé en date du 3 août dans le greffe du notaire.

Avant le 22 novembre 1735, selon un contrat passé devant Claude Barolet, décès de Laurent Huot.

Le 22 novembre 1735, devant Claude Barolet, dans une transaction entre les cinq enfants issus du premier mariage de Laurent Huot avec Françoise Faveron, et la seconde épouse de celui-ci, Marie-Joseph Cadoret, et comme il « reste encore un arpent de terre des deux échus en partage dudit feu Huot de sa première communauté avec ladite feu Faveron, et que du dernier mariage avec ladite Cadoret sont issus Ignace, Marguerite et Marie-Anne Huot, il est expressément convenu et arrêté entre lesdites parties que ledit arpent de terre sera divisé et partagé entre lesdits cinq enfants du premier lit et les trois du dernier, ce qui fera pour chacun une huitième partie dudit arpent ». Toutefois, comme les cinq enfants du premier lit connaissent « l'état présent de ladite Cadoret leur belle-mère », ils lui cèdent « les cinq petites parts de terre » qui leur reviennent. Marie-Joseph n'a ainsi plus aucune dette envers les enfants du premier mariage de son défunt mari et peut continuer d'acquérir pour elle-même et ses trois enfants les parts de ses propres frères et sœurs dans l'héritage de leurs parents, Georges Cadoret et Barbe Boucher.

Le 4 novembre 1736, devant Claude Barolet, Marie-Joseph Cadoret, veuve de Laurent Huot, achète d'Antoine Cadoret « la neuvième partie qui appartient audit vendeur en quatre arpents de terre […] bornés lesdits quatre arpents de front d'un côté au nord-est à l'habitation de François Thomas, de l'autre au sud-ouest à celle de Joseph Jourdain ». Il ne manque plus à Marie-Joseph Cadoret que le lot de sa soeur Madeleine, absente depluis longtemps[94], mais elle en aura la jouissance et aura donc réussi, dans les faits, à rassembler les quatre arpents de la terre paternelle.

Le 16 juin 1738, le seigneur Étienne Charest remet à Marie-Joseph Cadoret une quittance sous seing privé concernant les arrérages de cens et rentes relatifs à « une terre de quatre arpents de front […] bornés au nord-est aux héritiers de feu Duquet sieur Desrochers et du côté du sud-ouest la veuve et héritiers de feu Guillaume Jourdain ». Les rentes étaient dues depuis le 10 septembre 1714, sauf pour un acompte versé le 26 octobre 1729.

Le 26 août 1738, remariage de Marie-Joseph Cadoret avec François Boisdoré[95] à l'église Notre-Dame de Québec.

Dans le procès-verbal de Jean Eustache Lanoullier de Boisclerc, dressé en 1738, on attribue la terre à « Boisdoré ou Saint-Laurent » et on la situe entre celles de Joseph Jourdain et d'un certain « *Thomas* Thomas ». Il s'agit en fait de François Thomas.

Le 16 août 1739, François Boisdoré et Marie-Joseph Cadoret remettent à Augustin Carrier fils une quittance pour le paiement d'une terre qu'ils lui ont vendue deux ans plus tôt immédiatement à l'est du fief Saint-Vilmé[96]. Et c'est ici qu'entre en scène un certain Lecorps, à qui sera versé « son dixième en les cinq cent livres prix principal de la susdite vente […] comme ayant épousé Madeleine Cadoret ». Aucune mention n'est cependant

---

[94] Bourget Robitaille, Gaétane, op. cit., p. 87.
[95] Variantes recensées au cours de ce travail : Barbeau, Barbot.
[96] Voir le contrat de vente dressé par le notaire Claude Barolet le 17 décembre 1737.

faite de la présente concession et on apprendra plus loin que Madeleine est demeurée propriétaire de sa part. Mais Marie-Joseph Cadoret, qui a mis tant d'années à racheter la terre paternelle, ne la gardera pas longtemps en entier.

Deux mois plus tard, le 25 octobre 1739, devant Claude Barolet, François Boisdoré et Marie-Joseph Cadoret vendent à Étienne Lemieux fils un arpent de terre « borné ledit arpent d'un côté au nord-est à l'acquéreur, de l'autre au sud-ouest à la terre de trois arpents appartenant aux mineurs de ladite venderesse avec feu Laurent Huot […] à ladite venderesse appartenant comme composant partie de son droit de communauté avec ledit feu Laurent Huot, avec lequel elle en avait acquis trois arpents, et depuis son décès arrivé, encore acquis d'Antoine Cadoret et de Madeleine Lambert sa femme les droits à eux appartenant, et comme encore partie lui étant avenue et échue par succession de ses feu père et mère ».

La terre de quatre arpents est donc dorénavant divisée en deux, soit trois arpents pour les enfants de Marie-Joseph Cadoret au sud-ouest, et un arpent pour Étienne Lemieux fils au nord-est.

LOT 20 – A

Le 7 mars 1745, devant Jean-Claude Panet, Marie-Joseph Cadoret, veuve de Laurent Huot dit Saint-Laurent et remariée à François Boisdoré, reçoit titre nouvel pour « une terre de trois arpents de front […] tenant au nord-est à Étienne Lemieux et au sud-ouest à la veuve de Guillaume Jourdain ».

Le 8 juillet 1750, devant Claude Barolet, Ignace Huot dit Saint-Laurent vend à Joseph Bégin et Marie-Anne Huot ses droits successifs échus « par le décès arrivé de feu Laurent Huot père dudit cédant et ceux à lui réservés pour sa légitime par Marie-Joseph Cadoret mère de lui dit cédant, le tout consistant en huit perches neuf pieds quelques pouces ou environ de terre ».

Le 10 octobre 1750, devant Claude Barolet, Marie-Joseph Cadoret « fait abandon et délaissement à Ignace Huot son fils […] de toutes les parts et portions tant mobilières qu'immobilières qu'il peut avoir et espérer d'elle dite Cadoret et ce pour une troisième partie au mobilier et immobilier […] à prendre pour son départage avec les deux autres ses frères[97] enfants de ladite cédante ».

Le 7 mai 1751, devant Jean-Claude Panet, Marie-Joseph Cadoret, « pour faciliter ses enfants susnommés », soit Marie-Anne Huot et son mari Joseph Bégin, ainsi que Marguerite Huot et son mari, Prisque Boucher, leur fait « cession et abandon d'une terre située à la Pointe de Lévis de trois arpents de front […] bornée d'un côté au nord-est à Étienne Lemieux et au sud-ouest à Michel Lemieux, savoir les deux tiers pour ledit Bégin [qui possède déjà les droits d'Ignace Huot] et l'autre tiers pour ledit Prisque Boucher, à l'exception néanmoins de quatre perches et quelques pieds qui appartiennent dans ladite

---

[97] Malgré le libellé du contrat, Ignace n'a pas de frères, mais bien deux sœurs, Marie-Anne et Marguerite.

terre à Madeleine Cadoret, absente de ce pays ». Puisqu'on soustrait quatre perches pour Madeleine Cadoret, les trois lots restants auront huit perches et demie. Les lots sont tirés au hasard soit, d'ouest en est, un lot à Joseph Bégin, un lot de quatre perches pour Madeleine Cadoret, un autre lot à Prisque Boucher, et le dernier lot vers l'est, à Ignace Huot (déjà vendu à Joseph Bégin).

Le 13 mars 1752, devant Claude Louet, Prisque Boucher et Marguerite Huot vendent à Joseph Bégin et Marie-Anne Huot « la part et portion revenant à ladite Marguerite Huot suivant l'acte de partage et cession fait entre ses cohéritiers le sept mai dernier consistant […] en huit perches et demie […] bornées d'un côté au nord-est à la part et portion de terre acquise par l'acquéreur d'Ignace Huot [ce même Joseph Bégin] et au sud-ouest à la terre appartenant à Madeleine Cadoret ». Joseph Bégin et Marie-Anne Huot possèdent maintenant deux arpents six perches environ.

En outre, le couple exploitera encore le lot de quatre perches neuf pieds « revenant à Madeleine Cadoret absente depuis plus de trente ans et dont il a la jouissance jusqu'à son décès ou à son retour »[98]. Joseph Bégin et Marie-Anne Huot possèdent finalement trois arpents.

Selon les papiers-terriers rédigés par Jean-Antoine Saillant en 1765, Joseph Bégin et Marie-Anne Huot détiennent une terre de trois arpents, entre Michel Lemieux et Étienne Lemieux. Le quatrième arpent de la terre originale appartient à Étienne Lemieux (voir ci-dessus) depuis le 25 octobre 1739.

LOT 20 – B

Le 20 juin 1742, l'arpenteur Noël Bonhomme dit Beaupré a « chaîné et livré un arpent de la terre de la veuve [Huot dit] Saint-Laurent à Étienne Lemieux ».

Le 12 mars 1745, devant Claude Barolet, Étienne Lemieux reçoit titre nouvel pour une « terre de trois arpents de front », dont un arpent dans la CONCESSION 20 et deux arpents dans la CONCESSION 21 (voir plus loin), « bornée d'un côté au nord-est à l'habitation de la veuve Beaujour, de l'autre côté au sud-ouest à celle de Marie-Joseph Cadoret veuve Laurent Huot ».

Selon les papiers-terriers rédigés par Jean-Antoine Saillant en 1765, Étienne Lemieux détient une terre de trois arpents cinq perches entre Joseph Bégin et Joseph Delestre dit Beaujour. De ces trois arpents cinq perches, un arpent se trouve dans la CONCESSION 20.

---

[98] Bourget Robitaille, Gaétane, op. cit., p. 87.

LES VOISINS AU FIL DU TEMPS

ANNÉE	CONCESSION 20	CONCESSION 21	CONCESSION 22
1652	Georges Cadoret	Ignace Sevestre	Charles Sevestre
1661		Héritiers Ignace Sevestre	Héritiers Charles Sevestre
1662		Catherine Gauthier Duquet	Catherine Gauthier / Marguerite Sevestre
Vers 1663			Catherine Gauthier
1688		(Loc. : Jean Bourasseau et Pierre Retail)	(Loc. : Jean Bourasseau et Pierre Retail)
1696		(Loc. : Jean Duquet)	(Loc. : Jean Duquet)
1711	Héritiers Cadoret		
1718	Rachat progressif par Marie-Joseph Cadoret et Laurent Huot	Jean-Baptiste Maranda dit la Tourette / Jean Thomas	Jean-Baptiste Maranda dit la Tourette / Jean Thomas
1719		Héritiers Jean Thomas / J.-B. Maranda	Héritiers Jean Thomas / J.-B. Maranda
1723		Héritiers Jean Thomas / Joseph Delestre	Joseph Delestre / Hér. Thomas / Jos. Delestre
1730			Joseph Delestre / Hér. Thomas / Pierre Bourassa
1737			Joseph Delestre / Jean Samson II / P. Bourassa
1738		Hér. Thomas / Héritiers J. Delestre dit Beaujour	Hér. Delestre / Jean Samson II / P. Bourassa
1739	Marie-Joseph Cadoret / Étienne Lemieux	Jean Samson / Héritiers Delestre dit Beaujour	
1744		Étienne Lemieux / Héritiers Delestre	
1750	Hér. Huot / Joseph Bégin / Étienne Lemieux		
1752	Joseph Bégin / Étienne Lemieux	Étienne Lemieux / Joseph Delestre fils	Pierre Delestre / Jean Samson II / P. Bourassa
1753			Jean Samson II / Pierre Bourassa
1757			Hér. Jean Samson II / Pierre Bourassa
1758			Anne Gesseron / Jean Samson III / P. Bourassa
1763			A. Gesseron / J. Samson III / Hér. P. Bourassa

CONCESSION 21 – IGNACE SEVESTRE

Terre de 3 arpents

Selon Marcel Trudel (1663)[99], une terre de trois arpents est concédée le 20 juillet 1652 à Ignace Sevestre, entre la terre précédente (qui sera concédée à Georges Cadoret en novembre) et celle de Charles Sevestre[100], son père. Un tel contrat est effectivement recensé sous Romain Becquet dans l'*Inventaire des greffes des notaires du régime français*[101], mais on ne trouve pas l'acte dans le greffe de Becquet.

Fort heureusement, une copie de ce contrat a été conservée aux Archives nationales du Québec[102] et elle confirme qu'Ignace Sevestre, le 20 juillet 1652, a bel et bien reçu en concession de Jean de Lauzon, sous seing privé, « le nombre de six vingt arpents de terre […] à savoir trois arpents de face sur le grand fleuve Saint-Laurent sur quarante de profondeur tenant […] d'un côté à Charles Sevestre […] et de l'autre côté aux terres non concédées ».

Le 9 décembre 1657, sépulture de Charles Sevestre, son père, à Québec.

Le 4 mai 1661, sépulture de Marie Pichon, sa mère, à Québec.

Le 24 juin 1661, sépulture d'Ignace Sevestre, célibataire, à Québec (tué par les Iroquois).

Toujours selon Trudel (1663), sa terre passe alors à son demi-frère, Guillaume Gauthier dit la Chesnaye, mais cette affirmation est étonnante, car Guillaume Gauthier est mort en 1657.

Plutôt, le 4 février 1662, devant Jacques Gourdeau de Beaulieu, les héritiers d'Ignace Sevestre, soit ses quatre sœurs ainsi que sa demi-sœur Catherine Gauthier, son demi-frère Charles Gauthier et les héritiers de feu son demi-frère Guillaume Gauthier, se partagent en même temps ses biens et ceux de leurs parents, Charles Sevestre et Marie Pichon (voir CONCESSION 22). Or, il n'est pas mentionné dans ce document que la terre d'Ignace Sevestre ait appartenu après sa mort, même provisoirement, à son demi-frère Guillaume Gauthier. En fait, la terre de trois arpents d'Ignace Sevestre, plus un arpent de celle de son père (CONCESSION 22), pour un total de quatre arpents, échoit par tirage au sort à sa demi-sœur, Catherine Gauthier, épouse de Denis Duquet[103].

Toujours selon Trudel (1663)[104], Denis Duquet achète peu après la part d'héritage de son beau-frère, Étienne Lessard, époux de Marguerite Sevestre, soit les quatre autres arpents

---

[99] Trudel, Marcel. *Le terrier du Saint-Laurent en 1663*, op. cit., p. 495.
[100] Variantes recensées au cours de ce travail : Desrochers, Desroches.
[101] Roy, Pierre-Georges et Antoine Roy, op. cit., vol. 2, p. 253.
[102] Bibliothèque et Archives nationales du Québec, BANQ E21, S66, SS4, contenant 1960-01-038/208, *Seigneurie de Lauzon : concession, actes notariés, 1652-1841*.
[103] Variantes recensées au cours de ce travail : Desrochers, Desroches.
[104] Trudel, Marcel. *Le terrier du Saint-Laurent en 1663*, op. cit., p. 496.

de la CONCESSION 22, mais je n'ai pas trouvé ce document. Quoiqu'il en soit, les deux anciennes concessions d'Ignace Sevestre (trois arpents) et de son père Charles (cinq arpents) sont désormais réunies en une seule terre de huit arpents.

À partir d'ici, les parcours des CONCESSIONS 21 et 22 se confondent, du moins pour une soixantaine d'années. Voir CONCESSION 22.

CONCESSION 22 – CHARLES SEVESTRE

Terre de 5 arpents

Selon Marcel Trudel (1663)[105], une terre de cinq arpents est concédée le 20 juillet 1652 à Charles Sevestre, entre la terre de son fils Ignace et le fief Saint-Vilmé. Un tel contrat est effectivement recensé sous Romain Becquet dans l'*Inventaire des greffes des notaires du régime français*[106], mais on ne trouve pas l'acte dans le greffe de Becquet.

Fort heureusement, une copie de ce contrat a été conservée aux Archives nationales du Québec[107] et elle confirme que Charles Sevestre, le 20 juillet 1652, a bel et bien reçu en concession de Jean de Lauzon, sous seing privé, « le nombre de deux cents arpents de terre […] à savoir cinq arpents de face sur le grand fleuve Saint-Laurent sur quarante de profondeur tenant […] d'un côté à Ignace Sevestre […] et de l'autre côté aux terres non concédées ».

Le 9 décembre 1657, sépulture de Charles Sevestre, à Québec.

Le 4 mai 1661, sépulture de Marie Pichon, veuve successivement de Philippe Gauthier puis de Charles Sevestre, à Québec.

Le 4 février 1662, devant Jacques Gourdeau de Beaulieu, les héritiers de Marie Pichon, soit ses enfants par Philippe Gauthier et Charles Sevestre, se partagent ses biens. Sa terre de cinq arpents à Lauzon est partagée entre deux de ses filles. Catherine Gauthier, épouse de Denis Duquet, obtient un arpent s'ajoutant à la terre de trois arpents située en amont, héritage d'Ignace Sevestre, pour un total de quatre arpents; Marguerite Sevestre, épouse d'Étienne Lessard[108], obtient les quatre autres arpents provenant de sa mère.

Toujours selon Trudel (1663), Étienne Lessard vend sa terre à Denis Duquet peu après, mais je n'ai pas trouvé ce document. Quoiqu'il en soit, les deux anciennes concessions d'Ignace Sevestre (trois arpents) et de son père Charles (cinq arpents) sont désormais réunies en une seule terre de huit arpents.

À partir d'ici, les parcours des CONCESSIONS 21 et 22 se confondent, du moins pour une soixantaine d'années.

Le 27 novembre 1675, sépulture de Denis Duquet, à Québec. Sa veuve, Catherine Gauthier, va gérer l'ensemble des deux concessions au nom de ses enfants.

---

[105] Trudel, Marcel. *Le terrier du Saint-Laurent en 1663*, op. cit., p. 495-496.
[106] Roy, Pierre-Georges et Antoine Roy, op. cit., vol. 2, p. 253.
[107] Bibliothèque et Archives nationales du Québec, BANQ, Fonds des gouverneurs, régime français, R1, P16.
[108] Variantes recensées au cours de ce travail : De Lessart, Delessart, Lessart.

Le 4 mai 1679, devant Romain Becquet, Catherine Gauthier s'engage à verser une rente à Charles Aubert de la Chesnaye en échange d'une somme de mille livres tournois qu'elle désire « employer et convertir aux autres deniers qu'elle a au paiement des travaux et augmentations qu'elle fait faire sur une habitation à elle appartenant […] en ladite côte de Lauzon ». On verra plus loin l'impact possible de cet emprunt.

Le 26 août 1688, devant Gilles Rageot, Catherine Gauthier, veuve de Denis Duquet, « délaisse du jour Saint-Michel prochain pour neuf années consécutives finissant à pareil jour de l'année mil six cent quatre-vingt dix-sept à titre de ferme et loyer […] au sieur Gabriel Duprat, marchand […] un emplacement de terre de telle grandeur nécessaire pour faire édifier et construire un fourneau à chaux […] sur le bord de l'eau ». Gabriel Duprat est l'époux de Thérèse Duquet, fille de Catherine Gauthier. Il n'est toutefois pas certain que cet « emplacement » se trouve sur la présente concession, car Catherine Gauthier possède d'autres terres dans le même secteur, comme on le verra ci-après.

Trois mois plus tard, en effet, le 19 novembre 1688, devant Gilles Rageot, Catherine Gauthier, veuve de Denis Duquet, cède à titre de ferme, pour trois ans, à Jean Bourasseau et Pierre Retail « tout ce qu'il y a de terre en valeur […] prairie ou pacage […] sur huit arpents de front […] joignant d'un côté à Georges Cadoret, d'autre Ignace Gauthier, fils la Chesnaye ».

Le 31 janvier 1690, devant la prévôté, Antoine Duquet, sieur Madry, fils de feu Denis Duquet et de Catherine Gauthier, renonce à son héritage.

Le 19 mai 1690, devant Gilles Rageot, Catherine Gauthier, veuve Duquet, reconnaît devoir à Charles Aubert de la Chesnaye « la somme de trois cent soixante treize livres six sols six deniers après compte fait entre eux […] de toutes choses et affaires qu'ils auraient eues par ensemble de tout le passé jusqu'à ce jour […] sans préjudice du contrat de constitution à rente fait entre les parties dès longtemps y a, ainsi qu'ils ont dit et déclaré ». À première vue, et la renonciation d'Antoine Duquet à son héritage fait encore pencher dans cette direction, les finances de Catherine Gauthier ne s'améliorent pas.

Quelques jours plus tard, le 23 mai 1690, toujours devant Gilles Rageot, Catherine Gauthier s'engage à verser une nouvelle rente à Charles Aubert de la Chesnaye, cette constitution de rente « faite et moyennant et pour demeurer quitte par ladite venderesse constituante envers ledit sieur acquéreur de la somme de trois cent soixante quatorze livres seize sols six deniers » (la somme a déjà augmenté!). Encore une fois, cet emprunt aura peut-être des conséquences sur la suite des événements.

Le 24 octobre 1695, mariage à Québec d'Anne Duquet, fille de feu Pierre Duquet, avec Jean Thomas.

Puis, le 3 avril 1696, devant Louis Chambalon, Catherine Gauthier, veuve de Denis Duquet et demeurant à Québec, délaisse « à titre de ferme pour cinq années entières et consécutives sans intervalle de temps à commencer au premier jour de mai prochain […] à Jean Duquet *son fils* […] une terre et habitation […] contenant *quatorze arpents* de terre de front [...] joignant d'un côté à celle de Georges Cadoret, d'autre côté à celle du sieur Gabriel Duprat, marchand [...] quoique séparée en deux par l'habitation dudit preneur ». Ce bail vise donc les huit arpents qui joignent, en amont, la terre de Georges Cadoret et, en aval, celle de Jean Duquet (première terre du fief Saint-Vilmé), plus une autre terre de six arpents presque entièrement située dans le fief Saint-Vilmé.

Le 25 mars 1698, devant Louis Chambalon, Catherine Gauthier emprunte à nouveau de Charles Aubert de la Chesnaye. Cette fois, le prêteur « a payé pour elle à Dame Louise LeGardeur, épouse d'Augustin Roüer, écuyer, sieur de la Cardonnière, la somme de quatre-vingt-six livres dix-sept sols quatre deniers qu'elle lui devait par sentence rendue à la prévôté ». Les dettes s'accumulent.

Le 2 novembre 1698, mariage à Québec de Catherine-Angélique Duquet, fille de feu Pierre Duquet, avec Jean-Baptiste Maranda dit la Tourette.

Le 14 novembre 1698, devant Louis Chambalon, Catherine Gauthier rend compte de son administration aux héritiers de son fils Pierre, décédé en 1687, héritiers dont elle est l'aïeule et la tutrice. Nous apprenons donc ici que Catherine Gauthier vit toujours en 1698 (elle a environ 72 ans) et que Jean-Baptiste Duquet, Anne Duquet, épouse de Jean Thomas, et Angélique Duquet, épouse de Jean-Baptiste Maranda, hériteront « chacun d'eux pour une troisième partie de défunt Maître Pierre Duquet vivant notaire royal ».

Je n'ai pas trouvé la date du décès de Catherine Gauthier, mais Jetté la situe après le 3 août 1702. C'est possible, mais si c'est le cas, ses enfants n'ont pas attendu son décès pour prendre une décision concernant les biens dont ils allaient hériter de leur mère et de leur père, Denis Duquet.

En effet, le 1er octobre 1701, devant Charles Rageot de Saint-Luc, « sont comparus le sieur Jean Duquet Desrochers, Olivier Morel, écuyer, seigneur de la Durantaye, comme ayant épousé dame Françoise Duquet, et Joseph Duquet, tous enfants héritiers de défunt le sieur Denis Duquet et Catherine Gauthier, leur père et mère; et sieur Jean-Baptiste et [sa sœur] demoiselle Anne Duquet, et Jean-Baptiste Marandeau comme ayant épousé demoiselle Angélique Duquet, enfants héritiers de défunt le sieur Pierre Duquet [...] lesquels [...] renoncent à la succession dudit défunt sieur Denis Duquet, leur père, beau-père et grand-père, la croyant plus onéreuse que profitable, disant lesdits Jean-Baptiste Duquet, aussi bien que ladite demoiselle Anne Duquet et ledit Marandeau et sa femme qu'ils ne prétendent pas dire à la renonciation ci-dessus que de ce qui leur peut revenir en la terre de la côte de Lauzon et du fief qui leur appartient en propre ».

Cette renonciation appelle quelques observations. Tout d'abord, seulement quatre des héritiers (incluant les enfants de feu Pierre) ont signé ce document. Le notaire avait aussi mentionné, initialement, « Charles amiot comme ayant épousé demoiselle Rosalie Duquet », mais il a ensuite rayé leurs noms. J'ignore ce qui leur est advenu. Par contre, on se souviendra qu'Antoine, un autre fils de Denis, avait renoncé à sa part dès 1690.

CONCESSION 21 (3 arpents)

Year	Content	Year
1652	Ignace Sevestre	1652
1662	Catherine Gauthier et Denis Duquet (plus 1 arpent dans la concession 22)	1662
1687	Catherine Gauthier, veuve de Denis Duquet	1687
1701	Renonciation à l'héritage par quatre héritiers Duquet	1701
1718	Jean Thomas et Jean-Baptiste Maranda dit la Tourette	1718
1720	Marguerite, François et Catherine Thomas (2 arpents) / Jean-Baptiste Maranda (1 arpent)	1720
1723		1723
1738	François Thomas (1,33 arpent) / Catherine Thomas (0,66 arpent) — Joseph Delestre dit Beaujour (1 arpent plus 1 arpent dans la concession 22)	1738
1739	Jean Samson II (2 arpents)	1739
1740	Étienne Lemieux (2 arpents)	1740
1752	Madeleine Delestre (5 perches et 15 pieds) / Étienne Lemieux (5 perches et 15 pieds) — Joseph Delestre (4 perches et 3 pieds) plus 1 perche et 12 pieds dans la conc. 22	1752
1765	Étienne Lemieux (2 arpents, 5 perches et 15 pieds) — Joseph Delestre (4 perches et 3 pieds)	1765

On ne sait pas exactement pourquoi les enfants de Denis Duquet et de Catherine Gauthier ont renoncé à leur héritage, mais comme ils croyaient la succession « plus onéreuse que profitable », on peut supposer que les dettes excédaient la valeur des biens. Est-ce qu'on peut lier cette situation aux emprunts répétés qu'a faits Catherine Gauthier auprès de Charles Aubert de la Chesnaye?

Quoiqu'il en soit, on verra en 1716 que les CONCESSIONS 21 et 22 vont bientôt appartenir à ce dernier.

Le 4 mai 1705, devant Michel LePallieur de la Ferté, Jean Thomas et Anne Duquet, « considérant que depuis la célébration de leur mariage, il n'a pas plu à Dieu leur donner aucun enfant » se font donation mutuelle « de tous et chacuns les biens meubles et immeubles présents et à venir […] pourvu toutefois qu'au jour dudit décès, il n'y ait d'enfant vivant procréé de leur mariage ». Cette donation sera bientôt caduque, car le couple aura huit enfants de 1705 à 1716.

Sur la carte de Catalogne, en 1709, la terre de huit arpents qui réunit les CONCESSIONS 21 et 22 paraît toujours sous le nom de « la veuve Duquet », entre celles de Georges Cadoret et de Jean Duquet dit Desrochers. Bien sûr, cette déclaration ne garantit pas que Catherine soit encore vivante à ce moment-là (elle aurait 83 ans), mais il était courant de nommer les terres d'après les anciens propriétaires, longtemps après leur décès.

Ceci dit, je n'ai pas trouvé l'acte de partage des biens de Catherine Gauthier entre ses héritiers, soit ses propres enfants et les enfants de son fils Pierre. Par ailleurs, on se souviendra que Catherine Gauthier avait accumulé des dettes, et un contrat concernant son voisin s'avère intrigant.

En effet, le 29 octobre 1716, devant Hilaire Bernard de la Rivière, agissant ici comme notaire, il y a partage des biens de Georges Cadoret, et ce partage inclut une terre de quatre arpents (voir CONCESSION 20) bornés au sud-ouest à la terre appartenant audit sieur Jourdain […]; d'autre côté au nord-est *à la terre appartenant à la succession de feu Monsieur Maître Charles Aubert, seigneur de la Chesnaye* ».

Je pense qu'on peut raisonnablement en conclure que suite à la renonciation à l'héritage, les CONCESSIONS 21 et 22 sont passées aux mains d'Aubert de la Chesnaye, le créancier de Catherine Gauthier. Et dans ce cas, les futurs propriétaires auront dû racheter la terre des héritiers du sieur de la Chesnaye. Mais pour en être assurés, il faudra chercher encore…

Ce qui est certain, c'est que les CONCESSIONS 21 et 22 sont devenues propriété des deux sœurs, Anne et Angélique, même si je n'ai pas trouvé le document pertinent.

En effet, le 28 juillet 1718, l'arpenteur Hilaire Bernard de la Rivière, à la requête de « Jean-Baptiste Maranda, sieur de la Tourette, et de sieur Jean Thomas […] certifie avoir vérifié deux bornes anciennement posées sur une ligne qui sépare la terre appartenant à la succession de défunt Georges Cadoret *et celle appartenant auxdits sieurs Maranda et Thomas* [...] sur laquelle nous avons mesuré huit arpents qui est la largeur *de la terre appartenant auxdits Maranda et Thomas* [...] pour séparer ladite terre de celle appartenant à la succession de défunt le sieur [Jean] Duquet Desrochers [en présence de Louis] *Jourdain faisant pour les autres cohéritiers* ». On peut déduire de ce qui précède que Jean Thomas et Jean-Baptiste Maranda ont racheté les huit arpents des CONCESSIONS 21 et 22, mais qu'ils ne les ont pas encore partagés entre eux.

Le lendemain, 29 juillet 1718, le même arpenteur, Hilaire Bernard de la Rivière, « à la requête du sieur Jean-Baptiste Maranda, sieur de la Tourette et de sieur Jean Thomas [...] et encore à la requête de [Louis] *Jourdain habitant de la côte de Lauzon représentant les héritiers de défunt le sieur [Jean] Duquet Desrochers* [...] certifie avoir mesuré une terre appartenant à la succession dudit défunt Duquet [dans le fief Saint-Vilmé], laquelle contient trois arpents de front *sur la profondeur qu'elle peut avoir* [...] bornée au sud-ouest la terre auxdits sieurs de la Tourette et Thomas, d'autre côté, au nord-est, la terre appartenant encore auxdits sieurs susnommés ». Ce document confirme que Catherine Gaultier possédait autrefois deux terres, respectivement de huit arpents et de six arpents, situées de chaque côté de la terre de son fils, Jean Duquet. Ce sont ces deux terres qu'elle avait données en location à ce dernier le 3 avril 1696. Et il faut retenir ici que Jean Thomas et Jean-Baptiste Maranda détiennent, en plus des huit arpents des CONCESSIONS 21 et 22, une portion ou la totalité des six autres arpents, dans le fief Saint-Vilmé, qui appartenaient à la grand-mère de leurs épouses, Catherine Gauthier. Enfin, on notera que personne n'a su préciser la profondeur de la terre du défunt Jean Duquet, dans le fief Saint-Vilmé. Cette ignorance pourrait expliquer un détail intrigant à venir dans un prochain contrat.

Le 8 décembre 1719[109], décès de Jean Thomas, époux d'Anne Duquet, à Saint-Joseph de Lévis.

Le 16 septembre 1720, Hilaire Bernard de la Rivière, agissant cette fois comme notaire, dresse l'inventaire des biens laissés par Jean Thomas. Celui-ci laisse à ses quatre enfants mineurs, soit François, Anne-Marguerite, Catherine et Louis, « une terre de sept arpents de front et *cinquante arpents de profondeur* ». En l'absence du document de partage des biens entre les enfants de Catherine Gauthier, ce document est extrêmement intéressant, car il confirme que Jean Thomas et Jean-Baptiste Maranda possédaient chacun sept arpents, soit la moitié des quatorze arpents que détenait Catherine Gauthier. Mais le partage de ces sept (ou quatorze) arpents est particulier, car ce qu'on verra dans les années qui suivent, c'est qu'à l'intérieur des huit arpents des CONCESSIONS 21 et 22, Jean Thomas et Jean-Baptiste Maranda possédaient bel et bien chacun quatre arpents, oui, mais par alternance : les deux premiers à l'ouest à Jean Thomas, les deux suivants à Jean-Baptiste Maranda, deux autres à Jean Thomas et les deux derniers à Jean-Baptiste Maranda. Et nous savons qu'ils se sont également partagé les six arpents situés dans le fief Saint-Vilmé, soit trois arpents chacun. Quant à la profondeur de la terre, le chiffre de *cinquante arpents* est étonnant. Se pourrait-il que les terres aient été allongées d'une dizaine d'arpents, comme le seront plusieurs autres?

---

[109] Inventaire des biens de Jean Thomas, notaire Hilaire Bernard de la Rivière, 16 septembre 1720.

Le 18 mars 1721, devant Étienne Dubreuil, Anne Duquet signe avec Jean Parent un contrat de mariage dans lequel elle déclare qu'elle a renoncé à sa communauté de biens avec feu Jean Thomas, ce qui signifie que les biens de cette communauté iront en entier à ses quatre enfants.

Le 17 août 1722, décès de Jean Parent, à l'Hôtel-Dieu de Québec.

Dans l'aveu de 1723, on attribue la terre de huit arpents soit à Charles Duquet dit Desroches[110], soit aux « *héritiers* Charles Desrochers[111] », entre Georges Cadoret et Michel Jourdain. Il semble y avoir ici confusion.

Premièrement, on aura sans doute voulu dire « Charles Desrochers *et autres héritiers de Catherine Gauthier*, car le seul Charles Duquet dit Desrochers existant à l'époque, petit-fils de celle-ci et fils de feu Jean, était bien vivant. Il s'est marié en 1719 et a eu sept enfants, dont quatre après le 1er septembre 1724.

Par ailleurs, il se peut que la terre ait été cultivée pendant un certain temps par Charles Duquet dit Desrochers, pour le compte de la famille Duquet, mais comme on l'a vu plus haut, les huit arpents appartenaient déjà par moitiés à Jean Thomas et à Jean-Baptiste Maranda depuis au moins 1718. À tout le moins, on aura bientôt confirmation qu'Anne possédera deux arpents du côté sud-ouest de la CONCESSION 21, et Angélique les deux arpents suivants vers le nord-est, ce qui fait que ces deux derniers arpents empiètent sur la CONCESSION 22.

C'est d'ailleurs un contrat concernant un lot attribué à Angélique Duquet et Jean-Baptiste Maranda, à cheval sur les CONCESSIONS 21 et 22, qui nous confirme la part appartenant à Anne Duquet et Jean Thomas dans la CONCESSION 21. En effet, l'année même du dénombrement, le 19 octobre 1723, devant François Rageot de Beaurivage, Angélique Duquet et son mari, Jean-Baptiste Maranda dit la Tourette, cèdent par échange à Joseph Delestre et Marie-Anne Jourdain « une terre et habitation sise audit lieu de Lauzon sur laquelle il y a une maison, contenant quatre arpents de large *sur quarante de profondeur* […] *lesquels sont séparés*, savoir deux arpents joignant du côté au nord-est aux héritiers des feu sieurs [Duquet dit] Desrochers, *du côté au sud-ouest aux héritiers de feu sieur Jean Thomas*; et les deux autres arpents joignant du côté au nord-est [*mots rayés : aux héritiers dudit feu Thomas*] audit sieur de la Tourette, *et au sud-ouest aux héritiers dudit feu Thomas*, appartenant audit la Tourette […] pour lui être advenu et échu par succession de feu sieur Pierre Duquet […] leur père et beau-père ».

La dernière portion de la citation est mystérieuse… Il est exact qu'Angélque Duquet-Maranda a hérité de son père, Pierre Duquet, dans le fief Saint-Vilmé, mais on a vu que les CONCESSIONS 21 et 22, suite à la renonciation, sont devenues propriété du sieur de la Chesnaye. S'agirait-il ici d'une distraction de la part de Maranda?

---

[110] Mathieu, Jacques et Alain Laberge. *L'Occupation des terres dans la vallée du Saint-Laurent, Les aveux et dénombrements, 1723-1745*, Septentrion, Sillery, 1991, p. 17.
[111] Roy, Joseph-Edmond. *Histoire de la seigneurie de Lauzon*, op. cit., vol. 2, p. 113.

Chose certaine, il semble donc qu'à un moment donné, mais je n'ai pas le document qui le prouve, *les deux arpents du côté sud-ouest de la terre* de trois arpents d'Ignace Sevestre (CONCESSION 21) sont passés à Anne Duquet, fille de Pierre Duquet et épouse de Jean Thomas. C'est du moins ce qu'on peut déduire de ce contrat. Et les deux arpents voisins du côté nord-est, soit un arpent dans la concession d'Ignace Sevestre et un arpent dans la concession de cinq arpents de son père, Charles Sevestre, sont passés à Angélique Duquet, épouse de Jean-Baptiste Maranda, qui les revend à Joseph Delestre.

Mais ce n'est pas tout. Il faut aussi comprendre de ce même contrat que des quatre arpents restants de l'ancienne terre de Charles Sevestre (CONCESSION 22), les deux arpents du côté sud-ouest sont passés, également, à Anne Duquet-Thomas, et les deux autres, à Angélique Duquet-Maranda.

Dernier point : les cinq mots rayés dans la citation. En fait, selon toute logique, ces cinq mots représentaient la réalité, car si on divise les huit arpents en quatre portions, il est impossible que le second lot vendu par Jean-Baptiste Maranda soit contigu à un autre lot lui appartenant :

CONC. 20	CONCESSION 21 (3 arpents)		CONCESSION 22 (5 arpents)		SAINT-VILMÉ
Hér. Cadoret	J. Thomas (2 arpents)	JB Maranda (2 arpents)	**J. Thomas (2 arpents)**	JB Maranda (2 arpents)	Héritiers J. Duquet
LOTS	21 – A	21 – B	22 – A	22 – B	22 – C

En fait, dans cette description, les héritiers de Jean Thomas sont à la fois au sud-ouest des deux arpents contigus au fief Saint-Vilmé ET au nord-est des deux autres arpents vendus.

LOT 21 – A
(deux premiers arpents d'Ignace Sevestre du côté ouest)

Le 21 octobre 1724, remariage d'Anne Duquet à Louis Jourdain dit Saint-Louis, à Saint-Joseph de Lévis.

Le 1er mars 1733, sépulture d'Anne Duquet, à Saint-Joseph de Lévis.

Vers 1735, les trois enfants vivants de Jean Thomas et d'Anne Duquet, soit François, Anne-Marguerite et Catherine, héritent de leurs parents (Louis est décédé en 1721).

Le 4 novembre 1736, devant Claude Barolet, François Thomas est cité comme voisin, en aval, de Laurent Huot dit Saint-Laurent.

Dans le procès-verbal de Jean Eustache Lanoullier de Boisclerc, dressé en 1738, on attribue la terre à « *Thomas* Thomas » et à « Beaujour », entre celle de « Boisdoré ou Saint-Laurent » et celle de Jean Samson. Il s'agit en fait de *François* Thomas, au nom de ses cohéritiers, et de Joseph Delestre dit Beaujour, chacun propriétaire de deux arpents, ceux de Joseph Delestre chevauchant les CONCESSIONS 21 et 22.

Le 11 mars 1738, devant Arnould-Balthazar Pollet, Anne-Marguerite Thomas et son mari, Pierre Papillon dit Périgny, cèdent à François Thomas « une part de terre de deux tiers d'arpent de front […] tenant du côté du sud-ouest le sieur Laurent [feu Huot dit Saint-Laurent] et du côté du nord-est au bonhomme [Delestre dit] Beaujour ». Ces deux tiers d'arpent, situés dans la CONCESSION 21, correspondent au tiers de la terre de deux arpents laissée aux trois héritiers Thomas.

Le 3 juin 1739, devant Claude Barolet, Catherine Thomas et son époux, Antoine Trottier, vendent à Jean Samson « le tiers qui leur revient en vingt perches ou environ de terre de front […] faisant environ six perches douze pieds […] bornés en total les susdites vingt perches de front, d'un côté au nord-est à la veuve Beaujour [Marie-Anne Jourdain], de l'autre, au sud-ouest, à la veuve de feu Saint-Laurent [Marie-Joseph Cadoret] ». L'acquéreur est Jean-Baptiste Samson *fils, époux de Geneviève Lemieux*, ce qui sera confirmé dans un acte du 24 mars 1744.

Le 25 octobre 1739, devant Claude Barolet, lorsqu'Étienne Lemieux achète un arpent de terre de François Boisdoré et de Marie-Joseph Cadoret (voir CONCESSION 20), l'arpent de terre est dit borné « d'un côté au nord-est à l'acquéreur ». Ce n'est pas encore tout à fait le cas, mais cette affirmation se justifiera par deux transactions en succession rapide.

Le 27 octobre 1739, devant Claude Barolet, François Thomas vend à Jean Samson « un arpent un tiers d'arpent de terre de front […] *borné au sud-ouest de l'habitation* du sieur Beaujour, et de l'autre, au nord-est, audit acquéreur ». Il faut ici lire attentivement le libellé utilisé par le notaire. L'arpent un tiers n'est pas borné au sud-ouest *à* ou *par* l'habitation du sieur Beaujour, mais bien « au sud-ouest *de* » l'habitation en question, c'est-à-dire que l'arpent un tiers se trouve au sud-ouest de l'habitation du sieur Beaujour, et au nord-est de celle que l'acquéreur vient d'acheter en juin de Catherine Thomas. L'acquéreur est Jean-Baptiste Samson *fils, époux de Geneviève Lemieux*, ce qui sera confirmé dans un acte du 24 mars 1744.

Jean Samson possède donc maintenant la totalité des deux arpents qui appartenaient auparavant aux héritiers Thomas, entre Huot dit Saint-Laurent et Delestre dit Beaujour, mais il les cède immédiatement par échange, toujours en 1739, à Étienne Lemieux, son beau-frère. Le tout se fait toutefois verbalement et il faudra attendre au 24 mars 1744 pour que l'accord conclu entre Étienne Lemieux et Jean Samson, « tuteur élu par justice aux enfants mineurs issus de son mariage avec feu Geneviève Lemieux », soit ratifié devant le notaire Claude Barolet, qui note alors que les « parties ont reconnu et confessé avoir [fait] entre elles et dès ci-devant verbalement, il y a cinq ans, les échanges et permutations réciproques » en question. Jean Samson cède ainsi « deux arpents de terre de front […] bornés d'un côté au nord-est à l'habitation de la veuve Beaujour, de l'autre, au sud-ouest, à celle de la veuve Saint-Laurent […] audit cédant appartenant par acquisition qu'il en a fait des représentants et héritiers de Jean Thomas ». Il est à noter en passant que si la veuve Saint-Laurent était encore propriétaire de la terre contiguë au sud-ouest en 1739 lorsque l'accord verbal est intervenu, elle ne l'est plus en 1744 puisqu'elle l'a vendue la même année, 1739, à Michel Lemieux.

À la signature du contrat, le 24 mars 1744, Étienne Lemieux possède donc depuis au moins cinq ans trois arpents contigus, soit un arpent dans la CONCESSION 20 et deux des trois arpents de la CONCESSION 21.

Le 12 mars 1745, devant Claude Barolet, Étienne Lemieux reçoit titre nouvel pour une « terre de trois arpents de front », dont un arpent dans la CONCESSION 20 et deux arpents dans la CONCESSION 21, « bornée d'un côté au nord-est à l'habitation de la veuve Beaujour, de l'autre côté au sud-ouest à celle de Marie-Joseph Cadoret veuve Laurent Huot ».

Selon les papiers-terriers rédigés par Jean-Antoine Saillant en 1765, Étienne Lemieux possède trois arpents cinq perches; pour être plus précis, il possède un arpent dans la CONCESSION 20 et deux arpents cinq perches dans la CONCESSION 21, soit les deux arpents acquis plus tôt de Jean Samson et cinq perches acquises de Madeleine Delestre (voir LOT 21- B).

LOTS 21 – B et 22 – A
(troisième arpent d'Ignace et premier arpent de Charles Sevestre)

L'historique du troisième arpent de la CONCESSION 21 et du premier arpent de la CONCESSION 22 est basé sur les mêmes documents que pour le LOT 21 – A, de sorte qu'on voudra bien me pardonner une certaine répétition.

Dans le procès-verbal de Jean Eustache Lanoullier de Boisclerc, dressé en 1738, on attribue la terre à « *Thomas* Thomas » et à « Beaujour », entre celle de « Boisdoré ou Saint-Laurent » et celle de Jean Samson. Il s'agit en fait de *François* Thomas, au nom de ses cohéritiers, et de Joseph Delestre dit Beaujour, chacun propriétaire de deux arpents, ceux de Joseph Delestre chevauchant les CONCESSIONS 21 et 22.

Le 26 décembre 1738, sépulture de Joseph Delestre dit Beaujour, à Saint-Joseph de Lévis. Le troisième arpent de la CONCESSION 21, côté nord-est, et le premier arpent de la CONCESSION 22 seront plus tard partagés entre ses enfants, Pierre, Madeleine et Joseph.

Le 12 novembre 1749, devant Claude Barolet, Marie-Anne Jourdain, veuve de Joseph Delestre dit Beaujour, donne « audit Pierre Delestre dit Beaujour et à ladite Marie-Anne Silvestre sa femme […] un demi-arpent de terre de front […] du total de deux arpents de terre de front, bornés lesdits deux arpents de front d'un bord au nord-est à la terre du nommé Samson, de l'autre au sud-ouest à celle d'Étienne Lemieux […] lequel total de deux arpents de front est conquêt de la communauté dudit feu Joseph Delestre avec ladite Jourdain, à laquelle un arpent […] appartient pour son droit de communauté, réservant l'autre demi-arpent pour la légitime de ses autres enfants. Bien sûr, l'autre arpent ira directement aux enfants par la succession de leur père. Cette donation chevauche les CONCESSIONS 21 et 22, sans qu'on sache pour le moment quelle portion ira à quel héritier.

Le 21 novembre 1752, sépulture de Marie-Anne Jourdain, à Québec.

Le 28 novembre 1752, devant Claude Barolet, Pierre, Madeleine et Joseph Delestre dits Beaujour, ce dernier par procuration accordée à sa sœur, se partagent les « deux arpents de terre de front […] qui est le seul immeuble appartenant auxdites successions » de leurs parents. Le procureur de la prévôté est présent « à cause de l'absence depuis plusieurs années, pour le pays d'en haut, de Joseph Delestre Beaujour voyageur ». D'ouest en est, Madeleine Delestre obtient cinq perches quinze pieds « jusqu'à joindre de ce côté l'habitation dudit Étienne Lemieux fils »; Joseph obtient également cinq perches quinze pieds, au centre; tandis que Pierre, qui bénéficie de la donation que lui a faite feue sa mère, hérite de huit perches six pieds « du côté du nord-est depuis la ligne qui sépare lesdits deux arpents de front présentement partagés d'avec la terre des représentants de feu Jean Samson ». De fait, les cinq perches quinze pieds de Madeleine Delestre se trouvent entièrement dans la CONCESSION 21, tandis que les cinq perches quinze pieds de Joseph Delestre chevauchent les CONCESSIONS 21 et 22, et que les huit perches cinq pieds de Pierre sont entièrement situées dans la CONCESSION 22.

Le 4 décembre 1752, le notaire Jean-Baptiste Guyart de Fleury, au nom de Madeleine Delestre Beaujour et de son mari, Pierre Valade, obtient l'autorisation de vendre par licitation, à l'enchère, la portion qu'elle vient de recevoir dans le partage des biens de ses parents, soit « un demi-arpent quinze pieds de terre de front […] à prendre et détacher ladite portion de deux arpents de terre de front […] ladite portion seulement tenant du côté du nord-est à [Joseph] Delestre Beaujour et au sud-ouest à Étienne Lemieux fils » (LOT 21 – B).

Le 19 décembre 1752, suite à trois criées autorisées par ordonnance de la prévôté, « la portion « d'un demi-arpent quinze pieds […] à prendre et détacher de deux arpents de terre de front » (LOT 21 – B) est vendue par licitation « audit Étienne Lemieux comme plus offrant et dernier enchérisseur »[112].

Le 20 décembre 1752, devant Claude Barolet, Madeleine Delestre dite Beaujour et son mari, Pierre Valade, reçoivent « la somme de cinq cents livres […] en bons billets d'ordonnance ayant cours en cette colonie […] pour le prix et parfait paiement d'une portion de terre de cinq perches quinze pieds » qu'ils ont vendue à Étienne Lemieux.

Le 12 mars 1753, devant Claude Barolet, Pierre Delestre dit Beaujour vend à Jean Samson fils sa part d'héritage, soit « huit perches six pieds de terre de front plus ou moins » (LOT 22 – A).

---

[112] Bibliothèque et Archives nationales du Québec, BANQ, Fonds de la prévôté de Québec, TL1, S11, SS1.

CONCESSION 22
(5 arpents)

1652	Charles Sevestre (5 arpents)	1652
1662	Marguerite Sevestre et Étienne Lessard (4 arpents)	1662
	Catherine Gauthier et Denis Duquet (1 arpent)	
Vers 1670	Catherine Gauthier et Denis Duquet (5 arpents)	Vers 1670
1687	Catherine Gauthier, veuve de Denis Duquet	1687
1701	Renonciation à l'héritage par 4 héritiers Duquet	1701
1718	Thomas et Maranda / Jean Thomas et Jean-Baptiste Maranda dit la Tourette (4 arpents)	1718
1720	JB Maranda	1720
1723	Joseph Delestre (1 arpent plus 1 arpent dans la concession 21)	1723
1733	Héritiers Thomas et Louis Jourdain (2 arpents) / Pierre Bourassa (2 arpents)	1733
1737	Jean Samson II (1,5 arpent) / Catherine Thomas (0,5 arpent)	1737
1739	Jean Samson II et Geneviève Lemieux (2 arpents)	1739
1744	Jean Samson II et Marie-Anne Gesseron (2 arpents)	1744
1752	Pierre Delestre (8 perches 5 pieds) / Joseph Delestre (1 perche 12 pieds)	1752
1753	Jean Samson II	1753
1763	Marie-Anne Gesseron (1,5 arpent) / Jean Samson III (1,3 arpent) / Joseph Bourassa (2 arpents)	1763
1765		1765

Pour conclure sur la CONCESSION 21, Étienne Lemieux et Joseph Delestre occupent depuis 1752 et jusqu'en 1765 (papiers-terriers rédigés par Jean-Antoine Saillant) toute l'ancienne concession de trois arpents d'Ignace Sevestre et même un peu plus puisque Joseph Delestre, avec ses cinq perches quinze pieds, empiète légèrement sur l'ancienne concession de Charles Sevestre.

À noter que le 13 septembre 1769, devant Simon Sanguinet fils, Madeleine Delestre et son mari, Pierre Valade, vendront à Pierre Delestre *fils* (c'est-à-dire leur neveu) tous leurs droits et prétentions « dans la succession de défunt Joseph Delestre leur frère et beau-frère tant dans les biens mobiliers qu'immobiliers […] consistant en ce qui est dans cette province seulement, avec expresse réserve de ce qui pourrait leur revenir dans les îles ».

En fait, je ne sais pas ce qu'il est advenu de cette dernière transaction, mais elle semble avoir été annulée, car le 31 juillet 1788, devant Charles Voyer, « Monsieur Delestre dit Beaujour » et Demoiselle Madeleine Delestre dite Beaujour vendront à Jean Samson III « la quantité de cinq perches de terre et environ quinze pieds de front […] bornée ladite quantité de terre au sud-ouest à la veuve de Joseph Ladrière et au nord-est au présent acquéreur […] appartenant auxdits sieur et demoiselle Delestre dits Beaujour comme se portant héritiers de défunt sieur Joseph Delestre dit Beaujour leur frère germain décédé il y a plus de trente ans ». Cette vente chevauche les CONCESSIONS 21 et 22.

LOT 22 – B
(deuxième et troisième arpents de Charles Sevestre)

On a vu plus haut, dans l'aveu de 1723, que la terre en totalité est attribuée à Charles Duquet dit Desrochers, mais il est probable que celui-ci représentait alors la famille Duquet. Chose certaine, le LOT 22 – B est déjà passé aux mains de sa cousine, Anne Duquet, veuve de Jean Thomas.

Le 21 octobre 1724, remariage d'Anne Duquet, à Louis Jourdain dit Saint-Louis, à Saint-Joseph de Lévis.

Le 1er mars 1733, sépulture d'Anne Duquet, à Saint-Joseph de Lévis.

Le 4 février 1737, devant Claude Barolet, Louis Jourdain, veuf d'Anne Duquet, ainsi que François et Marie-Anne Thomas vendent à Jean Samson « un arpent et demi, ce qui fait pour chacun desdits vendeurs un demi-arpent de terre de front [à détacher de deux arpents de front] qui sont bornés et joignent d'un côté en leur total, au nord-est à Pierre Bourassa, de l'autre au sud-ouest, au sieur Beaujour […] auxdits vendeurs appartenant le susdit terrain, savoir auxdits François Thomas et […] Anne Thomas comme héritiers pour un tiers de feue ladite Anne Duquet leur mere […] veuve en première noce dudit Jean Thomas, et audit Louis Jourdain à cause de ladite feu Anne Duquet sa femme et de la part d'enfant qui lui revient par son contrat de mariage ». L'acquéreur est Jean-Baptiste Samson *fils, époux de Geneviève Lemieux*, ce qui sera confirmé dans un acte du 24 mars 1744 (voir LOT 21 – A).

Dans le procès-verbal de Jean Eustache Lanoullier de Boisclerc, dressé en 1738, on attribue une portion de terre à Jean Samson, entre « Beaujour » et Pierre Bourassa.

Le 3 juin 1739, devant Claude Barolet, Catherine Thomas et son époux, Antoine Trottier, vendent à Jean Samson « un demi-arpent de terre de front […] renfermé et borné avec l'arpent et demi qu'a ci-devant acquis ledit acquéreur, joignant le tout d'un côté au nord-est à Pierre Bourassa, au sud-ouest au sieur Beaujour […] auxdits vendeurs appartenant pour être avenu et échu à la venderesse par succession de ses feu père et mère ». L'acquéreur est Jean-Baptiste Samson *fils, époux de Geneviève Lemieux*, ce qui sera confirmé dans un acte du 24 mars 1744 (voir LOT 21 – A).

Jean Samson II devient alors propriétaire de la totalité des deux arpents laissés en héritage par Jean Thomas.

Le 20 juin 1742, l'arpenteur Noël Bonhomme dit Beaupré trace une ligne entre Jean Samson II et Pierre Bourassa.

Le 5 mars 1743, sépulture de Geneviève Lemieux, épouse de Jean-Baptiste Samson II, à Saint-Joseph de Lévis.

Le 24 juillet 1744, remariage de Jean-Baptiste Samson II avec Marie-Anne Gesseron, à Saint-Joseph de Lévis.

Le 8 mars 1745, devant Jean-Claude Panet, titre nouvel est accordé à Jean Samson *fils* par le seigneur Étienne Charest.

Le 28 novembre 1752, devant Claude Barolet, les « *représentants feu Jean Samson* » sont cités, en aval, comme voisins des héritiers de feu Joseph Delestre dit Beaujour. Cette mention a de quoi intriguer, car Jean Samson II vit toujours… Son père et homonyme, Jean Samson I, est décédé en 1746, mais rien n'indique qu'il ait été propriétaire de cette terre. De plus, on précise que celui qui l'a achetée en 1739 l'a revendue en 1744 « audit Étienne Lemieux *son beau-frère* », et Étienne Lemieux est le beau-frère de Jean Samson II… Cette mention de *feu Jean Samson* me paraît en conséquence erronée.

Le 29 juin 1757, sépulture, bel et bien cette fois-ci, de Jean-Baptiste Samson II, époux d'Anne Gesseron, à Saint-Joseph de Lévis.

Le 19 avril 1758, devant Claude Barolet, il y a partage des biens de Jean Samson, incluant sa terre de deux arpents. « À Samson du premier lit héritier de la Lemieux sa mère [Jean Samson III], il revient un arpent », plus « 1/6 comme héritier de Samson son père », soit une perche douze pieds. Pour séparer la terre, deux billets sont faits et tirés au sort : « et ledit Samson en ayant pris un, […] s'est trouvé écrit premier lot au N.E. d'un arpent, la veuve [Gesseron] ayant pris l'autre billet, s'est trouvé écrit 2e lot d'un arpent au S.O. ». Ce second lot est par la suite partagé entre les six héritiers du défunt, y compris encore Jean Samson III, ce qui lui fera un total d'un arpent une perche douze pieds. Des échanges lui ont sans doute permis de regrouper cette terre avec la portion

- 156 -

qu'il obtient dans les huit perches six pieds achetées par son père de Pierre Delestre en 1753 (voir LOT 21 – B), car il déclarera plus tard posséder un arpent trois perches.

LOT 22 - C
(quatrième et cinquième arpents de Charles Sevestre)

Comme on l'a vu plus haut, c'est le 19 octobre 1723, devant François Rageot de Beaurivage, qu'Angélique Duquet et son mari, Jean-Baptiste Maranda dit la Tourette, cèdent par échange à Joseph Delestre et Marie-Anne Jourdain « *deux arpents joignant du côté au nord-est aux héritiers des feu sieurs [Jean Duquet dit] Desrochers*, du côté au sud-ouest aux héritiers de feu sieur Jean Thomas, appartenant audit la Tourette […] pour lui être advenu et échu par succession de feu sieur Pierre Duquet […] leur père et beau-père ».

Le 19 juin 1729, devant François Rageot de Beaurivage, Joseph Delestre dit Beaujour vend à Pierre Bourassa une terre « consistant en deux arpents […] joignant d'un côté au nord-est Joseph Jourdain et du côté au sud-est le nommé [Louis] Jourdain dit Saint-Louis, […] ladite terre sus vendue appartenant audit vendeur pour l'avoir acquise du sieur de la Tourette par échange par contrat passé par le notaire soussigné ».

Le 4 février 1737, devant Claude Barolet, Pierre Bourassa est cité par les héritiers de Jean Thomas, qui vendent à Jean Samson une terre joignant la sienne au nord-est.

Néanmoins, dans le procès-verbal de Jean Eustache Lanoullier de Boisclerc, dressé en 1738, on attribue une terre à Pierre Bourassa, entre Jean Samson II et Joseph Jourdain (dont la propriété se trouve dans le fief Saint-Vilmé).

Le 20 juin 1742, l'arpenteur Noël Bonhomme dit Beaupré trace une ligne entre Jean Samson II et Pierre Bourassa.

Le 8 mars 1745, devant Jean-Claude Panet, Pierre Bourassa est cité comme voisin, au nord-est, de Jean Samson II.

Le 3 avril 1745, devant Jean-Claude Panet, Pierre Bourassa reçoit titre nouvel pour « une terre de deux arpents de front […] bornée au nord-est au fief Saint-Vilmé, au sud-ouest à Jean Samson, ladite terre à lui appartenant par acquisition qu'il en a faite de feu le nommé [Joseph Delestre dit] Beaujour ».

Le 16 avril 1758, devant Christophe-Hilarion DuLaurent, Pierre Bourassa est cité comme voisin, en amont, des héritiers de Joseph Jourdain (fief Saint-Vilmé).

Selon le Dictionnaire Tanguay, Pierre Bourassa père est décédé avant 1763.

Le 7 février 1763, devant Nicolas-Charles-Louis Lévesque, Louise Couture, veuve de Pierre Bourassa, fait donation à son fils, en cadeau de mariage, « de la moitié de tous les biens meubles et immeubles […] qui se trouveront lui appartenir au jour de son décès [et] donne ensemble ladite dame donatrice à sondit fils futur époux jouissance et usufruit du restant de l'autre moitié de tous ses biens [...] pour en jouir par le survivant sa vie durant [...] et après la mort du dernier mourant les biens de part et d'autre retourneront du côté ligne ». Le libellé de ce contrat est très particulier, car le notaire semble avoir confondu, à différents endroits, la mère et la future belle-fille. Il est néanmoins clair qu'elle donne sa moitié de la terre familiale à son fils Joseph et qu'elle le laisse jouir de la moitié provenant de son défunt mari, après quoi cette seconde moitié retournera aux héritiers du couple.

Selon les papiers-terriers rédigés par Jean-Antoine Saillant en 1765, Joseph Bourassa, fils de Pierre, possède une terre de deux arpents, « joignant d'un côté au nord-est au fief de Saint-Vilmé et d'autre côté au sud-ouest à Jean Samson, à lui appartenant savoir, un arpent en propriété pour lui avoir été donné par Louise Couture, veuve dudit Pierre Bourassa, sa mère, par son contrat de mariage [...] et l'autre arpent pour lui avoir été aussi donné en jouissance par sa mère jusqu'au jour de son décès, la propriété en appartenant à ses frères et sœurs dont il a acquis quelques parts et se propose d'acquérir le restant par la suite ».

PROPRIÉTÉ DES CONCESSIONS 21 ET 22 EN 1765

Pour bien comprendre la répartition des CONCESSIONS 21 et 22 en 1765, il faut les considérer ensemble.

Selon les papiers-terriers rédigés par Jean-Antoine Saillant en 1765, les <u>huit arpents</u> relevant des CONCESSIONS 21 et 22 sont partagés de la façon suivante :

Étienne Lemieux	2,5 arpents (plus un arpent dans la CONCESSION 20)
Joseph Delestre	2,0 arpents
Anne Gesseron	1,5 arpent
Jean Samson III	1,3 arpent
Joseph Bourassa	<u>2,0 arpents</u>
pour un total de :	9,3 arpents

Ces données ne concordent pas avec les huit arpents originaux et voici pourquoi.

Il est important de préciser que Joseph Delestre ne s'est pas présenté devant le notaire Saillant. Pour ce qui le concerne, l'information vient de sa voisine, Anne Gesseron, qui lui a attribué deux arpents. Or, sur le total de deux arpents qu'avait autrefois la terre de Joseph Delestre père, il faut soustraire les cinq perches quinze pieds que Madeleine Delestre a vendues à Étienne Lemieux le 19 décembre 1752 (voir LOT 21 – B) et qui figurent dans son total à lui. Ensuite, l'arpent quatre perches trois pieds qui reste aux Delestre doit être partagé entre Joseph fils (cinq perches quinze pieds) et Pierre (huit perches six pieds). Mais ces huit dernières perches six pieds ont été vendues à Jean Samson II, époux d'Anne Gesseron, le 12 mars 1753 et figurent donc dans les terres de ses héritiers (voir LOT 22 - A), ce qui se confirme lorsqu'on additionne les terres d'Anne Gesseron et de Jean Samson III.

En somme, les cinq perches quinze pieds de Joseph Delestre, autrefois « *enclavées* dans la terre de deux arpents de Delestre Beaujour »[113], ne le sont plus : elles sont tout ce qu'il reste à la famille Delestre en 1765. Les deux arpents déclarés par Anne Gesseron pour le compte de Joseph Delestre sont donc erronés.

En 1765, lorsque Jean-Antoine Saillant rédige ses papiers-terriers, la réalité est donc la suivante :

Étienne Lemieux	2,6 arpents (2 arpents 5 perches 15 pieds)
Joseph Delestre	0,6 arpent (5 perches 15 pieds)
Anne Gesseron	1,5 arpent
Jean Samson III	1,3 arpent
Joseph Bourassa	2,0 arpents
pour un total de :	8,0 arpents

---

[113] Titre nouvel à Marie-Anne Gesseron, veuve Samson, notaire Jean-Antoine Saillant, 7 mai 1765.

TABLEAU DES VARIANTES ORTHOGRAPHIQUES ET DES SURNOMS UTILES POUR RETROUVER LES CONTRATS MENTIONNÉS DANS CET OUVRAGE

Dans le présent ouvrage, l'orthographe des noms a été uniformisée. Les chercheurs qui voudront accéder aux contrats mentionnés dans le texte devront cependant garder à l'esprit que beaucoup de ces contrats ont été indexés sous des orthographes différentes. On trouvera ci-après les orthographes que j'ai recensées dans la cadre de mes travaux. Dans le même ordre d'idées, certains individus sont parfois cités sous leur nom, parfois sous leur surnom.

AMIOT	- Amyot, Hamiot.
AUBERT	- La Chenaie, Lachenaie, La Chenaye, Lachenaye, La Chesnaye.
BIGEON	- Bigon, Bijon, Migeon.
BOISDORÉ	- Barbeau, Barbot.
BOURASSA	- Bourassard, Bourassas, Bourasseau, Bourrassa.
BRAULT	- Brau, Breault, Brou, Pomainville, Pominville, Pommainville.
CARRIER	- Carié, Carier, Carrié, Charrier.
DE LAUNAY	- Delaunay.
DELESTRE	- Beaujour.
DUQUET	- Desrochers, Desroches, La Chesnaye.
DUSSAULT	- Du Saut, Dusaut, Dussaut, Lafleur, Mortagne.
GAUTHIER	- Coquerel, Coqueret, Coquet, Gaultier, Gauthié, Gautié.
GROLEAU	- Grollet.
GUEUDON	- Geudon, Guedon, Guesdon.
HUARD	- Désilets, Huar, Huart, Huhard, Uar, Uhar.
HUOT	- Saint-Laurent.
JOURDAIN	- Saint-Louis.
LEDRAN	- Laidran, Le Dran, Legrand (sic).
LEGUAY	- Gay, Guay, Gué, Le Gay, Le Gué.
LESSARD	- De Lessart, Delessart, Lessart.
LISSE	- Lice, Lis.
MARANDA	- Latouret, La Tourette, Latourette, Marandeau, Morandeau.
MIVILLE	- Deschênes, Mainville, Minville.
PAPILLON	- Périgny.
PENAUT	- Penant, Penon.
POUILLARD	- Pouillart, Pouilliot, Poulliot.
PROUVEREAU	- Peuvreau, Peuvret, Prénoveau, Provereau, Prouvrau, Prouvreau.
QUENTIN	- Cantin.
SAINT-LO	- Sainlo, Saint-Leau, Saint-Lot.
SEVESTRE	- Desrochers, Desroches.

INDEX DES PROPRIÉTAIRES ET LOCATAIRES MENTIONNÉS DANS CET OUVRAGE

(f. = fils, fille)

Adam, Jean : 13
Amiot, Anne-Marie : 59, 61, 62, 63
Amiot, Charles : 85, 89, 90, 91 95, 96, 97, 98, 100, 105, 108, 121, 145
Amiot, Mathieu (dit Villeneuve) : 126
Aubert, Charles (sieur de la Chesnaye) : 35, 36, 144, 145, 147
Aubois, Michel : 101, 116

***

Baillon, Catherine de : 126
Bailly, Charles : 128, 129
Beaujour : voir Delestre
Bégin, Jacques : 86
Bégin, Jean-Baptiste : 86, 87
Bégin, Joseph : 134, 138, 139
Bégin, Marie-Anne : 134
Bégin, Michel : 47, 48, 49
Bergeron, Jean : 86
Bigeon, Jacques : 51, 127
Bissot, François : 11, 13, 14, 20
Blondeau, François : 127, 128, 135
Boisdoré, François : 137, 138, 150, 151, 152
Boucher, Angélique : 21, 22, 44, 45, 47, 48, 49
Boucher, Barbe : 135, 136, 137
Boucher, Jean : 20, 21
Boucher, Marie-Angélique : 21
Boucher, Marie-Joseph : 20, 21
Boucher, Prisque I : 119, 122, 123
Boucher, Prisque II : 123, 134, 138, 139
Bourassa, François : 82, 83, 85, 86, 91, 93, 132, 133
Bourassa, Jacques : 87, 117, 118, 119, 122
Bourassa, Jeanne : 91, 93, 101, 113
Bourassa, Joseph : 158, 159
Bourassa, Madeleine : 32, 33, 82, 83, 86

Bourassa, Marguerite : 86, 87
Bourassa, Marie-Louise : 86
Bourassa, Michel : 86, 87, 93
Bourassa, Pierre I : 77, 155, 156, 157, 158
Bourassa, Pierre II : 77
Bourassa, Véronique : 86, 87
Bourasseau, Jean I : 81, 82, 85, 86, 89, 90, 91, 99, 121, 144
Bourasseau, Jean II : 59, 68, 74
Brault, Georges : 59, 68, 74
Brault, Henri (sieur de Pomainville) : 43, 55, 58, 59, 67, 68, 73, 74, 81, 82, 85, 95
Brière, Marie : 17, 19, 20 43
Brunet : voir Guérin, Jeanne

***

Cachelièvre, Jacques : 95, 96, 97, 106, 121
Cadoret, Angélique (f. Georges) : 136
Cadoret, Anne (f. Georges) : 135, 136
Cadoret, Antoine (f. Georges) : 137, 138
Cadoret, François (f. Georges) : 135, 136
Cadoret, Georges : 127, 128, 129, 135, 136, 137, 141, 144, 145, 147, 148, 149, 150
Cadoret, Jean-Baptiste (f. Georges) : 135, 136
Cadoret, Madeleine (f. Georges : 137, 138, 139
Cadoret, Marie-Anne (f. Georges) : 136
Cadoret, Marie-Joseph (f. Georges) : 135, 136, 137, 138, 139, 151, 152
Cadoret, Pierre (f. Georges) : 136
Carrier… : 55
Carrier, Augustin : 137
Carrier, Jean : 53, 63, 65, 69, 71, 133, 134
Chalifour, Paul : 95

Charrier, Louis : 51
Chavigny, Geneviève de : 89, 90, 97
Chevrainville, Claude de : 58, 68, 81
Constantin, Jeanne : 122, 123, 129, 132, 133, 134
Côté, Pierre : 119, 123
Couillard, Jean-Baptiste (sieur de Lespinay) : 67, 85
Couillard, Louis (sieur de Lespinay) : 85
Couture, Charles : 61, 62
Couture, Eustache : 62
Couture, Jacques : voir Couture, Charles
Couture, Joseph : 49
Couture, Joseph (f. Guillaume) : 61, 62
Couture, Louis : 22, 23, 25, 49
Couture, Louise : 157, 158

***

De la Chesnaye : voir Aubert, Charles
De Launay, Jacques : 13, 17, 19
Delestre, Joseph I (sieur de Beaujour) : 128, 129, 132, 135, 139, 149, 150, 151, 152, 155, 156, 157, 158
Delestre, Joseph II (dit Beaujour) : 139, 152, 153, 154, 155, 156, 158, 159
Delestre, Madeleine (dite Beaujour) : 152, 153, 155, 158
Delestre, Pierre I (dit Beaujour) : 152, 153, 157, 158
Delestre, Pierre II (dit Beaujour) : 155
Demers, Louis : 22, 23, 25, 48, 49
Demers, Marguerite : 49
Desrochers, Gabriel : voir Duquet, Gabriel
Desrosiers : voir Laniel, Julien
Dolbec, Thérèse : 53, 62, 63, 64
Drapeau, Pierre : 53, 63, 64, 65, 69, 71
Drouillard, Simon : 135
Dubois, Angélique : 25
Dubois, Clément : 19, 43
Dubois, François (f. Jacques) : 20
Dubois, François I (f. Jean-François) : 23, 25, 49
Dubois, François II (f. François I) : 136
Duplessis : voir Regnard, Georges

Duprat, Gabriel : 144, 145
Dupré, Antoine : 43, 51, 52, 55, 59
Duquet, Angélique (f. Pierre) : 145, 147, 149, 150, 157
Duquet, Anne (f. Pierre) : 144, 145, 147, 148, 149, 150, 155
Duquet, Antoine (sieur Madry) : 144, 145
Duquet, Catherine-Ursule (f. Jean) : 129
Duquet, Charles (dit Desrochers) (f. Jean) : 136, 149, 155
Duquet, Denis : 135, 141, 143, 144, 145, 147
Duquet, Françoise (f. Denis) : 145
Duquet, Gabriel (dit Desrochers) : 86, 93
Duquet, Jean (dit Desrochers) (f. Denis) : 136, 137, 144, 145, 147, 148, 149, 150
Duquet, Jean-Baptiste (f. Jean) : 135
Duquet, Jean-Baptiste (f. Pierre) : 145
Duquet, Joseph (f. Denis) : 145
Duquet, Pierre (f. Denis) : 11, 13, 17, 19, 144, 145, 147, 149, 150, 157
Duquet, Rosalie (f. denis) : 145
Duquet, Thérèse (f. Denis) : 144
Durand… : 55
Durand, Nicolas : 17, 19, 27, 31
Dussault, Anne : 33
Dussault, François (f. Jean-François) : 82
Dussault, Jean II (f. Jean-François) : 78, 79, 82, 83, 86
Dussault, Jean III (f. Jean II) : 79, 83
Dussault Jean-François (dit Lafleur Mortagne) : 15, 28, 32, 33, 36, 37, 38, 74, 75, 77, 78, 82, 83, 86
Dussault, Joseph : 33, 118
Dussault, Louis : 33, 37, 38
Dussault, Marie-Louise : 86, 87
Dussault, Pierre : 29, 32, 33, 37, 38, 62, 82

***

Faureau, René : 100, 101, 103
Faveron, Françoise : 137
Feuilleteau, Louis : 63

Fleury de la Gorgendière, Louis : 14
Foucher, Jean-Baptiste : 78, 103

***

Gaudreau, Marguerite : 77, 82, 100, 110
Gauthier, Catherine (f. Philippe) : 135, 141, 143, 144, 145, 147, 148, 149
Gauthier, Charles : 141
Gauthier, Guillaume (dit la Chesnaye) : 141
Gauthier, Ignace (dit la Chesnaye) : 144
Gauthier, Jacques (dit Coquerel) : 105, 107, 121
Gauthier, Philippe : 143
Gély, Étienne : 122, 132, 133, 134
Gesseron, Marie-Anne : 156, 158, 159
Girard, Joseph : 103, 112, 113, 117, 118, 119
Girard, Pierre : 62
Gobert, Marie-Madeleine : 75, 99
Grenet, Jean-Baptiste : 61
Groleau, Madeleine : 74, 75, 91, 99, 100, 109, 110
Groleau, Pierre : 75, 99
Guérin, Jeanne (dite Brunet) : 51, 52
Guerrier, Bonne : 78
Gueudon, Martin : 15, 19, 20, 21, 28, 32, 35, 36, 43, 44, 51, 52

***

Hospitalières : 36, 37, 111
Huard, Angélique (f. Jean-Baptiste II) : 71, 79, 83
Huard, Angélique l'aînée (f. Jacques I) : 22, 23, 25, 48, 49
Huard, Angélique la cadette (f. Jacques I) : 22, 23, 25, 48, 49
Huard, Angélique-Catherine (f. Jean I) : 62
Huard, Augustin (f. Étienne I) : 64
Huard, Catherine (f. Étienne I) : 64
Huard, Catherine (dite Désilets) : 53
Huard, Charles (f. Jacques I) : 22, 23, 49

Huard, Étienne I (f. Jean I) : 42, 45, 47, 53, 58, 59, 61, 62, 63, 64, 65, 69, 71
Huard, Étienne II (f. Étienne I) : 63
Huard, Étienne (f. Jacques I) : 47, 48
Huard, François (dit Désilets) : 45, 52, 53
Huard, Françoise (f. Jean I) : 62
Huard, Geneviève l'aînée (f. Jean I) : 29, 30, 38, 39, 61, 62
Huard, Geneviève la cadette (f. Jean I) : 62
Huard, Geneviève (dite Désilets) : 53, 133, 134
Huard, Jacques I (f. Jean I) : 14, 21, 22, 25, 29, 37, 38, 39, 44, 45, 47, 48, 49, 52, 53, 59, 61, 62
Huard, Jacques II (f. Jacques I) : 45, 47
Huard, Jean I : 51, 52, 55, 57, 58, 59, 61, 63, 64, 65, 68, 69, 81, 89, 90, 99
Huard, Jean-Baptiste II (f. Jean I) : 53, 59, 61, 62, 63, 64, 65, 68, 69, 71, 74, 75, 77, 78, 86, 122, 132, 133
Huard, Jean-Baptiste III (f. Jean-Baptiste II) : 71, 72, 91, 93, 101, 103, 104, 122, 123
Huard, Jean-Baptiste (f. Jacques I) : 22, 23, 25, 49
Huard, Jean-Joseph (f. Jacques I) : 45, 47, 48
Huard, Jean-Marie (f. Jacques I) : 22, 49
Huard, Jeanne-Marie (f. Jean I) : 61, 62
Huard, Joseph (f. Jean-Baptiste II) : 69, 71, 72, 75
Huard, Joseph (dit Désilets) : 48, 53
Huard, Louis-Joseph (f. Étienne I) : 63, 64
Huard, Marguerite (f. Jean I) : 61, 62, 63
Huard, Marguerite (f. Jean-Baptiste II) : 71
Huard, Marie (f. Jean I) : 61, 62
Huard, Marie-Anne (f. Jean I) : 62
Huard, Marie-Anne (f. Étienne I) : 63, 64
Huard, Marie-Anne (dite Désilets) : 53
Huard, Marie-Catherine (f. Jacques I) : 22, 23, 25, 48, 49

Huard, Marie-Françoise (f. Jean-Baptiste II) : 71
Huard, Marie-Geneviève (f. Jacques I) : 22, 23, 25, 48, 49
Huard, Marie-Geneviève (f. Jean-Baptiste II) : 71
Huard, Marie-Joseph (f. Jean-Baptiste II) : 132, 134
Huard, Marie-Joseph (dite Désilets) : 53, 63, 64, 65, 69
Huard, Marie-Louise (f. Jacques I) : 22, 23, 25, 49
Huard, Marie-Louise (f. Jean-Baptiste II) : 71
Huard, Mathieu (dit Désilets) : 36, 44, 45, 47, 52, 53, 59, 61, 62, 63, 64, 65, 69, 71, 132, 133, 134
Hudde, Jacques : 58
Huot, Étienne (f. Laurent) : 136
Huot, Ignace (f. Laurent) : 137, 138, 139
Huot, Marguerite (f. Laurent) : 123, 137, 138, 139
Huot, Marie-Anne (f. Laurent) : 137, 138, 139
Huot, Laurent (dit Saint-Laurent) : 132, 133, 135, 136, 137, 138, 139, 150, 151, 152

***

Jourdain, Alexandre Guillaume (f. Guillaume) : 132, 133, 134
Jourdain, Angélique (f. Guillaume) : 69, 71, 122, 132, 133
Jourdain, Charlotte (f. Guillaume) : 111, 112, 116, 117, 118, 119, 132, 133
Jourdain, Françoise (f. Alexandre Guillaume) : 133, 134
Jourdain, Guillaume : 122, 128, 129, 132, 133, 134, 135, 136, 137, 138
Jourdain, Jean-Baptiste (f. Alexandre Guillaume) : 133, 134
Jourdain, Joseph (f. Guillaume) : 129, 132, 133, 136, 137, 157
Jourdain, Joseph (f. Alexandre Guillaume) : 133, 134
Jourdain, Louis (dit Saint-Louis) : 135, 136, 147, 148, 150, 155, 157
Jourdain, Louise (f. Alexandre Guillaume) : 133, 134
Jourdain, Madeleine (f. Alexandre Guillaume) : 133, 134
Jourdain, Marguerite (f. Guillaume) : 86, 132, 133
Jourdain, Marie-Anne (f. Guillaume) : 132, 149, 151, 152, 153, 157
Jourdain, Marie-Jeanne (f. Guillaume) : 52, 53, 59, 64, 69, 132, 133, 134
Jourdain, Michel (f. Guillaume) : 122, 129, 132, 136, 149
Journeau, Marie-Anne : 29, 30, 35, 39

***

La Chesnaye : voir Aubert, Charles
Ladrière, Joseph : 155
Lafleur : voir Dussault, Jean-François
Lambert, Madeleine : 138
Lamy, Joseph-Isaac : 95, 96, 97, 98, 105, 106, 121
Laniel, Julien (dit Desrosiers) : 20, 21
La Tourette : voir Maranda, Jean-Baptiste
Lecorps… : 137
Ledran, Simon-Toussaint : 90, 95, 96, 97, 98, 99, 100, 105, 106, 107, 108, 121
LeGardeur, Louise : 145
Légaré, Nicolas : 19, 43, 51, 52
Léger, Jean (dit Richelieu) : 101, 116
Leguay, Alexis : 20, 21, 22
Leguay, Angélique : 20, 21
Leguay, Catherine : 19, 20, 21, 22, 43, 44, 45, 47, 48, 52
Leguay, Jean : 13, 14, 17, 20, 21, 27, 28, 31, 43
Leguay, Jean-Baptiste : 20, 21
Leguay, Marie : 20, 21
Leguay, Rosalie : 20, 21
Lemieux, Étienne : 138, 139, 151, 152, 153, 154, 156, 158, 159
Lemieux, Geneviève : 151, 155, 156
Lemieux, Louis : 113

Lemieux, Michel : 133, 134, 138, 139, 152
Lemieux, Suzanne : 53
Leroy, Jean : 22, 23, 48
Lessard, Étienne : 141, 143
Levasseur, Charlotte : 118
Levasseur, Claire-Françoise : 29, 37, 111
Levasseur, Geneviève : 11, 13, 14, 15
Levasseur, Jean-Baptiste : 37, 38, 101, 103, 104, 111, 112, 113, 116, 117, 118, 119, 122, 132, 133, 134
Levasseur, Laurent I : 11, 13, 15, 17, 19, 20, 21, 22, 27, 28, 29, 31, 32, 33, 35, 36, 37, 38, 43, 44, 52, 81, 100, 101, 103, 109, 110, 111, 112, 116, 119, 122
Levasseur, Laurent III (f. Jean-Baptiste) : 113, 118, 119, 123
Levasseur, Louis II (f. Laurent) : 22, 28, 29, 30, 33, 37, 38, 39, 45, 61, 62
Levasseur, Louis III (f. Louis II) : 30, 38, 39, 47, 112
Levasseur, Marie-Françoise : 37, 112
Levasseur, Marie-Renée (Renette) : 36, 37, 110, 111
Levasseur, Pierre : 28, 37, 111, 112
Lisse, Zacharie : 35, 43, 44, 51

***

Mailloux, Michel : 74, 99
Maranda, Jean-Baptiste (dit la Tourette) : 145, 147, 148, 149, 150, 157
Marchand, Catherine : 117
Marchand, Charles : 78
Marchand, Charles (f. Charles) : 78
Marchand, Charles (f. François) : 75, 77, 78, 79, 82, 83, 91, 100, 101, 103, 111, 112, 113
Marchand, Charlotte : 117
Marchand, François (f. Louis I) : 68, 69, 71, 74, 75, 78, 81, 82, 90, 91, 97, 98, 99, 100, 101, 103, 106, 109, 110, 121
Marchand, Françoise : 75, 100, 101, 116
Marchand, Jacques : 75, 77, 78, 82, 99, 100, 110, 116
Marchand, Jean : 75, 77, 100

Marchand, Louis I : 17, 73, 74, 90, 98, 99, 108, 109, 110
Marchand, Louis II (f. Louis I) : 90, 108, 109, 110, 111
Marchand, Louis III (f. François) : 69, 71, 75, 77, 78, 79, 82, 83, 86, 90, 91, 93, 99, 100, 101, 103, 109, 112, 113, 116, 119
Marchand, Louise : 71, 91, 93, 104, 122
Marchand, Madeleine : 75, 77, 100, 101, 104, 113, 117, 118, 119
Marchand, Marguerite : 101, 116
Marchand, Marie : 15, 28, 29, 36, 37, 110, 111, 112, 116
Marchand, Marie-Anne : 75, 100
Marchand, Marie-Joseph : 93
Marchand, Marie-Thérèse : 101, 104, 113
Martin, Cyprien : 51
Maugis, Charlotte : 125, 126, 128
Michaud, Louis : 29, 37, 111
Migeon, Jacques : voir Bigeon, Jacques
Miville, François (dit le Suisse) : 98, 105, 106, 107, 108, 109, 110, 111, 116, 121, 122, 125, 126, 128, 129, 132
Miville, Françoise : 122, 123
Miville, Jacques (sieur Deschênes) : 125, 126, 127, 128
Miville, Jeanne : 122, 123
Miville, Joseph (f. François) : 117, 118
Miville, Marie : 126
Miville, Pierre (dit le Suisse) : 121, 125, 126, 127, 128
Morel, Olivier : 145
Morineau, Françoise : 73, 74, 90, 97, 98, 99, 100, 108, 109, 110, 112, 122
Mortagne : voir Dussault, Jean-François

***

Nadeau, Antoine : 93, 104, 113, 119
Naud, Pierre (dit Labrie) : 62, 63
Noël, Ignace : 62

***

Papillon, Pierre (dit Périgny) : 151
Parent, Jean : 149
Pauperet, David : 21, 22
Penaut, Noël (dit le Picard) : 55, 58, 67, 68, 73, 74, 81, 85, 95
Périgny : voir Papillon, Pierre
Petit, Alexandre : 125, 126, 128
Pichon, Marie : 141, 143
Poiré, Jean : 86, 87
Poitevin, Catherine : 86
Pomainville : voir Brault, Henri
Pouillard, Pierre : 17, 19, 27, 28, 31, 32, 35, 36, 38, 41
Poulin, Jacques : 93, 101, 103
Prouvereau, Sébastien : 35, 36, 38, 41, 43, 55, 89, 90

***

Quentin, Louis : 47, 49, 53

***

Regnard, Georges (sieur Duplessis) : 44
Renaud : voir Naud, Pierre
Retail, Pierre : 144
Riverin, Joseph : 36, 41, 43, 44, 52, 59, 77
Roüer, Augustin : 145
Routhier, Joseph : 93

***

Saint-Laurent : voir Huot, Laurent
Saint-Lo, Jean de : 43, 52, 59, 77, 78
Saint-Louis : voir Jourdain, Louis
Samson, Étienne : 133
Samson, Jean I : 156
Samson, Jean II : 151, 152, 153, 155, 156, 157, 158
Samson, Jean III : 152, 155, 156, 158, 159
Sevestre, Charles (dit Desrochers) : 135, 141, 142, 143, 150, 152, 155, 157
Sevestre, Ignace : 141, 142, 143, 150, 152, 155

Sevestre, Marguerite : 141, 143
Silvestre, Marie-Anne : 152

***

Thomas, Anne-Marguerite : 148, 150, 151, 155
Thomas, Catherine : 148, 150, 151, 156
Thomas, François : 137, 148, 150, 151, 152, 155
Thomas, Jean : 144, 145, 147, 148, 149, 150, 151, 152, 155, 156, 157
Thomas, Louis : 148
Trottier, Antoine : 151, 156
Turgeon, Marie-Joseph : 45, 47, 48

***

Ursulines : 15, 19, 32, 35, 36, 39, 41, 42, 43, 44, 45, 47, 48, 51, 52, 55, 58, 59, 62, 90, 91, 93, 116

***

Valade, Pierre : 153, 155
Villeneuve : voir Amiot, Mathieu

BIBLIOGRAPHIE

Bibliothèque et Archives nationales du Québec (BAnQ), Archives civiles et judiciaires, Québec.

Bourget Robitaille, Gaétane. *Terrier de la seigneurie de Lauzon à l'est de la rivière Chaudière en 1765*, Société d'histoire régionale de Lévis, Lévis, 2005.

Huard, Gabriel. *Les Huard, histoire d'une lignée*, Gatineau, 2016.

Jetté, René. *Dictionnaire généalogique des familles du Québec*, Les Presses de l'université de Montréal, 1983.

Mathieu, Jacques et Alain Laberge. *L'Occupation des terres dans la vallée du Saint-Laurent, Les aveux et dénombrements, 1723-1745*, Septentrion, Sillery, 1991.

Ouimet, Raymond. *Pierre Miville, un être exceptionnel*, Éditions du Septentrion, Sillery, 1988.

Roy, Joseph.-Edmond. *Histoire de la seigneurie de Lauzon*, 5 volumes, Société d'histoire régionale de Lévis, Lévis, réédité en 1984.

Roy, Léon. *Les premiers colons de la rive sud du Saint-Laurent, de Berthier (en bas) à Saint-Nicolas, 1636-1738*, Société d'histoire régionale de Lévis, Lévis, 1984.

Roy, Pierre-Georges. *Inventaire des procès-verbaux des grands voyers conservés aux Archives de la province de Québec*, L'Éclaireur éditeur, Beauceville, 1923.

Roy, Pierre-Georges. *Inventaire des concessions en fief et seigneurie, fois et hommages et aveux et dénombrements conservés aux Archives de la province de Québec*, L'Éclaireur éditeur, Beauceville, 1927.

Roy, Pierre-Georges. *Dates lévisiennes*, dixième volume, Imprimerie le Quotidien, Lévis, 1935.

Roy, Pierre-Georges. *Inventaire des testaments, donations et inventaires du régime français conservés aux Archives judiciaires de Québec*, Quintin Publications, Pawtucket, Rhode Island, 1941.

Roy, Pierre-Georges et Antoine Roy. *Inventaire des greffes des notaires du régime français*, Québec, 1942.

Saint-Hilaire, Guy. *Le terrier de Saint-Romuald d'Etchemin, 1652-1962*, Éditions Bergeron et Fils, Montréal, 1977.

Tanguay, Cyprien. *Dictionnaire généalogique des familles canadiennes*, Eusèbe Senécal, Imprimeur-Éditeur, 1871. Réédité par les Éditions Élysée, Montréal, 1975.

Trudel, Marcel. *Le terrier du Saint-Laurent en 1663*, Éditions de l'université d'Ottawa, 1973.

Trudel, Marcel. *Le terrier du Saint-Laurent en 1674*, Éditions du Méridien, Montréal, 1998.